历史的丰碑丛书

科·学·家·卷

为文化制造载体的人
蔡伦 毕昇

王乃迪 王天锋 编著

吉林人民出版社

图书在版编目（CIP）数据

为文化制造载体的人——蔡伦、毕昇 / 王乃迪，王天锋编著 . -- 长春：吉林人民出版社，2011.4（2025.4重印）

（历史的丰碑丛书）

ISBN 978-7-206-07675-6

Ⅰ．①为… Ⅱ．①王… ②王… Ⅲ．①蔡伦（？～121）—生平事迹—青年读物②蔡伦（？～121）—生平事迹—少年读物③毕昇（970～1051）—生平事迹—青年读物④毕昇（970～1051）—生平事迹—少年读物 Ⅳ．① K826.16~49

中国版本图书馆 CIP 数据核字 (2011) 第 037135 号

为文化制造载体的人　蔡伦　毕昇

WEI WENHUA ZHIZAO ZAITI DE REN　CAILUN　BISHENG

编　　著：王乃迪　王天锋
责任编辑：孟广霞　　　　　封面设计：孙浩瀚
制　　作：吉林人民出版社图文设计印务中心
吉林人民出版社出版　发行（长春市人民大街7548号　邮政编码：130022）
印　　刷：北京一鑫印务有限责任公司
开　　本：787mm×1092mm　1/16
印　　张：8　　　　　　　　字　数：72千字
标准书号：ISBN 978-7-206-07675-6
版　　次：2011年4月第1版　　印　次：2025年4月第3次印刷
定　　价：35.00 元

如发现印装质量问题，影响阅读，请与出版社联系调换。

编者的话

"欲知大道，必先为史"。

回溯人类的足迹，人们首先看到的总是那些在其各自背景和时点上标志着社会高度和进步里程的伟大人物。他们是历史的丰碑，是后世之鉴。

黑格尔说："无疑，一个时代的杰出个人是特性，一般说来，就反映了这个时代的总的精神。"普希金说："跟随伟大人物的思想是一门引人入胜的科学。"

以史为鉴，面向未来。作为21世纪的继往开来者，我们觉得，在知史基础上具有宽广的知识结构、开阔的胸襟和敏锐的洞察力应是首要的素质要求，而在历史的大背景中追寻丰碑人物的思想、风范和足迹，应是知史的捷径。

考虑到现代人时间的宝贵，我们期盼以尽量精短的篇幅容纳尽量丰富的信息，展现尽量宏大的历史画卷和历史规律。为此，我们编撰了这套丛书。

编撰丛书的过程，也是纵览历代风云、伴随伟人心路、吸收历史营养的过程。沉心于书页，我们随处感受着各历史时期伟大人物所体现的推动历史进步的人类征服力量。我们随着伟人命运及事业的坎坷与辉煌而悲喜，为他们思想的深邃精湛、行为的大气脱俗而会意感慨、拍案叫绝。

然而，在思想开始远游和精神获得享受的同时，我们也随之感受到历史脚步的沉重和历史过程的曲折。社会每前进一步都是艰难的，都伴随着巨大的痛苦和付出。历史的伟大在于它最终走向进步，最终在血污中诞生了鲜活的"婴孩"。

历史有继承性和局限性，不能凭空创造。伟人也有血肉，他们的思想、行为因此注定了同样具有历史的局限性和阶级的、时代的烙印；他们的功业建立于千千万万广大人民群众伟大创造的基础上。历史是人民群众创造的，伟大的人物们是历史和时代造就的。同时，我们也无法否定此间他们个人的努力。这也正是我们编撰这套丛书的目的。

我们期盼着这套丛书得到社会的认同，对读者，特别是青少年读者之历史感、成就感和使命感的培养有所裨益。史海浩瀚，群星璀璨。我们以对广大青少年读者负责的精神，精心遴选，以助力青少年成长进步，集结出版了《历史的丰碑》系列丛书，敬请读者批评、指正。

历史的丰碑丛书

编 委 会

策　划：　胡维革　　吴铁光

　　　　　林　巍　　冯子龙

主　编：　胡维革　　邢万生

副主编：　贾淑文　　谷艳秋

编　委：　(按姓氏笔画为序)

　　　　　于二辉　　刘士琳

　　　　　刘文辉　　孙建军

　　　　　李艳萍　　吴兰萍

　　　　　杨九屹　　隋　军

20世纪90年代，美国有位叫哈特的学者，写了一本富于挑战性的书，书名为《100位对历史最有影响的人物》。令人欣喜和引人注目的是，在这本并不是专为中国读者所写的书中，蔡伦不仅书中有名，而且领先于著名物理学家爱因斯坦，被排列在第七位。这样的排列顺序，既出乎中国史学家的意外，也使世界许多学者惊诧。哈特独树一帜依据何在？作者在"蔡伦"篇中指出："蔡伦的发明极重要极有影响。"在纸张发明和广泛使用之前，中国的文明并不比西方先进，但纸张发明和使用之后，中国文明则很快地超过了西方，并且领先了上千年。

　　继纸张的发明与使用之后，中国人又发明了活字印刷术，这两项成果都与社会文明进步紧紧地连在一起，被后人归入中国古代"四大发明"。这一点，恐怕远远超过蔡伦和毕昇的始料。

目　录

历史的丰碑丛书

沉重的简牍

生命的全部意义在于无穷地探索尚未知道的东西。

——左 拉

蔡伦出生在哪一年，谁也叫不准。有人说他活了60岁，有人说他度过70个春秋，还有人判断：他服侍了五个皇帝肯定不止七老八十。"人生七十古来稀"，按照这个传统的界定，毫无疑问，起码他是位年逾花甲的长寿老人。

蔡伦出生在什么地方？在长江以南。史书明文记载，他是"桂阳人也"。桂阳，不是桂林、阳朔，也不是现在的贵州省省会贵阳市，而是汉代的桂阳郡，今天的湖南省耒阳市。在市郊城北有户姓蔡的人家，一个普普通通的宅院，一栋结构简单的房舍，宅院旁有个大池塘，门前有个旧石臼，这就是蔡伦的家。

小时候，他爱说爱动。喜欢在草地上玩耍，追捕蝴蝶，采摘野花；喜欢到小河捕鱼，尾随在大孩子后边；喜欢在竹林中捉迷藏，东跑西跑，还不住告诉小

← 蔡伦

伙伴：别踩笋芽。

路边有棵老树干枯了，枝头不落雀鸟，望着这棵树，他问别人："这棵树样子多难看，怎么了？"

"生病了。"别人指着遍体鳞伤的树干。

"树怕剥皮！"

人有脸，树有皮。他从此知道树皮的重要，但还不知道树皮是造纸的好原料。

一天，有两个人抬着竹简，一群人跟在后面从他身边走过，脚步十分急迫，表情相当严肃。他问大人，这是干什么？大人告诉他，朝廷收集散失在民间的书，这是给皇上送书的。

书是什么？他不懂，只觉得这东西挺沉、挺重、挺好玩。

古代的书和现代的书不一样。文字不一样，书写的材料也不一样。

什么是文字？文字是记录和传达语言的书写符号，也是扩大语言在时间空间交际的工具。在很早以前并没有文字，人们记事使用简单的结绳方法。到了公元前4000年前后，出现了记事的简单符号，比如，横、竖、钩等，这便是最古老的文字。到了公元前2000年前后，又出现了类似图画一样的象形文字，比如，画个圆圈，里面有一点，就代表太阳，以后便演变为日。到了商朝后半期，也就是公元前1000年前后，文字已

1 2 3 4 5

甲骨文书体

经相当完善，有形、有音、有意。正因为有形，人们才能书写和辨认。

书写文字的东西叫书写材料。在我们国家，最初的书写材料是甲骨。甲，是乌龟的甲壳，就是龟的背和腹部的硬壳；骨，是牛、羊、猪这些兽类的肩胛骨。文字是用笔先写在甲骨上然后再用刀刻，或者直接刀刻。甲骨使用的范围很窄，主要用于记录占卜时的卜辞。

说起来挺有意思。商代王室的人很迷信，凡是办一件事情都要事先占卜。怎样占卜？先把龟甲或者牛骨整治一下，刮薄削平，再钻个圆窝，然后大家围坐在一起，用火烧烤甲骨。甲或骨用火一烧，就会出现裂纹，从烤出的裂纹推测吉凶，决定这件事办还是不办。

商代管占卜的官叫史官，由史官把占卜的时间、占卜者的姓名、占卜的事情和占卜的结果刻在甲骨上，这就是卜辞。从文字角度讲，就是甲骨文，刻在甲骨上的文字。

甲骨文有一定的刻写格式，大体是：某某日卜，某史官问，做某件事，是吉是不吉，某月。主要内容有三个方面：一是记载祭祖的事；二是为了征伐的事；三是商王出行的事。另外，商王生病、出猎、生子等

一距今三千多年的甲骨实物

事也要记上。

甲骨很坚硬，不容易损坏腐蚀，所以便于保存。清代末年，有位山东人叫王懿荣，在北京当官，据说他首先得到了甲骨文。八国联军进北京，王懿荣自杀而亡，幸而把收集到的甲骨转移他人。其中，有一部分甲骨落到末代皇帝溥仪的老师——罗振玉手里。罗振玉在日本把甲骨文印出来，甲骨文才为后人所知，引起世界轰动。经过多年的发掘、收集，现在已经得到甲骨20多万片，计有5000余字，但能够认识的只有2000字左右，有些字认不得也猜不出，这说明甲骨文与现代汉文字不同，甲骨文是婴幼时期的中国文字。

书写文字的材料，除了甲骨之外，还有青铜和玉石。商、周时期，为了祭祀，制造出各种钟和鼎作为

礼器。在这些铜器上，不仅有精美的花纹和图画，还有一些文字。这种文字叫"铭文"或叫"金文"。文字不多，几个、几十个、几百个，一般是书写当时的历史。

1956年冬，在山西发现写在玉石片上的文字，这就是历史上有名的《侯马盟书》。盟书用朱、墨两种颜色，字迹清晰鲜艳，内容完整，主要记述公元前386年（周安王十六年），赵敬侯章和赵五公子赵朔争位。赵朔败，被逐。胜者立盟，不准赵朔及其党羽回国。如不守信誓，便当身受其罪，连及子孙后代。

蔡伦看到衙役抬的竹简，实际就是竹书，就是简策。

→『册』字

简是用笔写上字的竹片。竹片是由竹竿截成筒，劈筒之后制成的。为了防止腐烂和虫蛀，必须将竹片在火上烘干，这个过程叫"汗青"或"杀青"。把许多竹片编连起来叫策。"策"字就是一束有字的竹片，后把来"策"改成"册"。

一根竹简通常只写一行字，字数的多少不一样，少的只有一个或三个五个，多的十几个、几十个。一部书要有许多片竹简组成。战国时代，有个思想家叫惠施，他出门旅行要用五辆车装他所带的书。古人说，有学问的人读的书多，学富五车，实际上五车竹简也没有多少字。

简编成册用的是皮条、丝绳，按照简上的文字内容，有顺序依次编连，再用皮条或丝绳在一端把简扎成一束，这样就成了一册书。一般用两道编、三道编或者四五道编。为了防止编绳脱落，在编连的右侧用刀削个三角缺口。用各种颜色的丝绳编成的简叫"丝编"，用皮条编成的简叫"韦编"。通常把一册叫"篇"。

后来，蔡伦才知道，简的长度有3种：2尺4寸、1尺2寸、8寸。朝廷规定：不同长度有不同用途。书写经典著作及国家法律用长简；书写《孝经》用1尺2寸简；书写传记、其他著作用短简。

十几年之后，他读到一本名为《穆天子传》的竹书，这本书就是用素丝编连的，简长2尺4寸，用墨笔书写，一片简上写40个字。他还发现，书的开头有两片不写字的简，人称"赘简"，用于保护里面有字的简。第一根简的背面写册的篇名，第二根简的背面写全书总名，第三根简的正面才写正文。写完之后，以最后一根简为中轴，从左向右卷起，卷成一束。这样，书名、篇名全都露在外面便于检阅。

和竹简同时使用的还有木牍。木牍的制作很简单。把树木锯成段，每段用锯锯成薄板，烘干，用刀刮削使之平滑，书写上字，就成为牍。短牍长度1尺，用这种牍写书信，称为"尺牍"。由于木板是长方形的，所以又叫"方"。

木牍主要用来书写官府文书、名册、布告、通讯

竹 简

或画图，也可以记录物名，写短文。一般情况，100字以下用木牍，100字以上用竹简。因为都是重要的书写材料，所以古代的书又叫"简牍"。

竹简、木牍与甲骨相比，从原料来源上，比较充足；从材料重量上，比较轻便；从书写镂刻上，比较容易。也许出于这种原因，秦始皇统一六国之后，立即下令：书同文。就是说统一使用一种文字，书写材料统一使用竹、木。

到了汉代，简牍已经成为文化传播的主要载体，成为语言之外交流思想、感情的得力工具，也是选用人才以文取士的辅助手段。

公元前141年，武帝继位，刘彻当了皇帝。向天下招贤纳士，应征人纷纷用竹简书写文章，陈述个人的政治见解和治国安邦主张。其中，有个叫东方朔的人，一篇文章足足用了3000多片竹简，由两个人抬进宫中呈给汉武帝，刘彻看了两个月。可能是这篇文章起了作用，后来东方朔成了有名的文学家，是皇帝在文学上的得力侍从。

从记事的时候起，蔡伦就听过子曰："择其善者而从之"一类的话，他不明白。一天天长大了，他知道子曰就是孔子说。孔子是个愿意念书的人。有个"韦编三绝"的典故，给他的印象很深。相传孔子反复读

《周易》这册书，把编连各个竹简的皮条弄断了三次。这说明孔子好学，读书认真，勤奋刻苦，也说明竹简沉重，不便于翻阅。蔡伦想，这书再轻点有多好啊！

　　孔丘（前551年—前479年），字仲尼，春秋时期鲁国人。孔子是我国古代伟大的思想家和教育家，儒家学派创始人，世界著名的文化名人之一。编撰了我国第一部编年体史书《春秋》。据有关记载，孔子出生于鲁国陬邑昌平乡（今山东省曲阜市东南的南辛镇鲁源村），孔子逝世时，享年73岁，葬于曲阜城北泗水之上，即今日孔林所在地。孔子的言行思想主要载于语录体散文集《论语》及先秦和秦汉保存下的《史记·孔子世家》。

结绳与契刻

人类历史上最初是没有文字的，人们记事使用简单的结绳方法。战国时期的著作《周易·系辞下传》中说："上古结绳而治，后世圣人易之以书契。"汉朝人郑玄，在其《周易注》中也说："古者无文字，结绳为约，事大，大结其绳；事小，小结其绳。"李鼎祚《周易集解》引《九家易》中也说："古者无文字，其有约誓之事，事大，大其绳，事小，小其绳，结之多少，随物众寡，各执以相考，亦足以相治也。"这些是讲结绳为约，说得已相当明白、具体了。

与此同时还出现了契刻，契刻的目的主要是用来记录数目。汉朝刘熙在《释名·释书契》中说："契，刻也，刻识其数也。"清楚地说明契就是刻，契刻的目的是帮助记忆数目。因为人们订立契约关系时，数目是最重要的，也是最容易引起争端的因素。于是，人们就用契刻的方法，将数目用一定的线条做符号，刻在竹片或木片上，作为双方的"契约"。这就是古时的"契"。后来人们把契从中间分开，分作两半，双方各执一半，以二者吻合为凭，主要用来做债务的凭证。古代用来契刻的竹片或木板，恐怕就是最早的书写载体之一了。

仓颉造字的传说

关于文字的起源，历史上有这样一个近似于神话的传说。仓颉是黄帝的史官，黄帝统一华夏之后，感到用结绳的方法记事，远远满足不了要求，就命仓颉想办法造字。于是，仓颉就在当时的洧水河南岸的一个高台上造屋住下来，专心致志地研究起造字来。可是，他苦思冥想，想了很长时间也没造出一个字来。说来凑巧，有一天，仓颉正在思索之时，只见天上飞来一只凤凰，嘴里叼着的一件东西掉了下来，正好掉在仓颉面前，仓颉拾起来，看到上面有一个蹄印，可他辨认不出是什么野兽的蹄印，这时正巧走来一个猎人。仓颉就问猎人是什么蹄印，猎人看了看说："这是貔貅的蹄印，与别的兽类的蹄印不一样。如果是别的野兽的蹄印，我一看也知道。"

仓颉听了猎人的话很受启发。他想万事万物都有自己的特征，如能抓住事物的特征画出图像，大家都能认识，这不就是字吗？从此，仓颉便注意仔细观察各种事物的特征，譬如日、月、星、云、山、河、湖、海，以及各种飞禽走兽、应用器物，并按其特征，画出图形，造出许多象形字来。这样日积月累，时间长了，仓颉造的字也就多了。仓颉把他造的这些象形字献给黄帝，黄帝非常高兴，立即召集九州酋长，让仓颉把造的这些字传授给他们。于是，这些象形字便开始应用起来。为了纪念仓颉造字之功，后人把河南新郑县城南仓颉造字的地方称作"凤凰衔书台"，宋朝时还在这里建了一座庙，取名"凤台寺"。

这虽然只是个传说，不足为据，但其内涵却不无道理，这就是文字从图画中来，最早出现的文字是图画文字。至于文字的产生，那是人类社会某一发展阶段上的必然产物，是原始人类在长期生产实践中逐渐形成、演变而来的。正如《中国文字学》所说："文字本于图画，最初的文字是可以读出来的图画，但图画却不一定都能读。后来，文字跟图画渐渐分歧，差别逐渐显著，文字不再是图画的，而是书写的。而书写的技术不需要逼真的描绘，只要把特点写出来，大致不错，使人能认识就够了。"这就是原始的文字。

赫蹄是什么

竭力为善，爱自由甚于一切，
即使为了王座，也永勿欺妄真理。
——贝多芬

不知什么人想出这个主意，选择年轻漂亮的姑娘到皇宫当宫女，直到垂老白头；选择被阉割的男孩子到宫中当侍从，终生服侍皇帝及其家属。这种人在汉代称为宦官，到明代称为太监。

公元25年，刘秀在鄗邑，也就是现在的河北省柏乡县当了皇帝，年号建武，自此开始了为期195年的东汉专制政权。东汉继承西汉的一些做法，在宫中仍是大量任用宦官，使宦官在抑制外戚的斗争中作用越来越大，权力也越来越大，最后导致皇帝无权，恰好与当初汉武帝的想法相反，也与刘秀所追求的高度皇权背道而驰。

大约公元70年，正是刘秀的儿子刘庄执政的末期，蔡伦被阉之后，含泪辞别双亲，带着生理和心理双重创伤到京都洛阳进皇宫当差。

刘庄（28年—75年），字子丽，庙号显宗，东汉第二位皇帝。初名刘阳，封东海王。建武十九年（公元43年）立为皇太子，中元二年（57年）即皇帝位。永平十八年（75年）死于洛阳东宫前殿。在位19年，死时48岁。葬于显节陵（今河南洛阳市东南）。庙号显宗，谥号孝明皇帝。

洛阳，位于黄河南岸，北依邙山、黄河，南望洛河、伊河，西据秦岭、潼关之险，东靠虎牢、黑石之固，地形险要，土地肥沃，水源充足。公元前11世纪，周公姬旦在这里筑起两座城池，铸造了一个代表国家政权的大鼎。公元前770年，周平王把国都迁到这里。刘秀称帝之后，经过一番辩论，也把国都建到这里。

当时的洛阳相当繁华，百官朝圣、商贾云集。城内东西10里，南北13里，城上百步有一楼，共有12个城门，24条街道，有南北两宫，有全国最高的学府——太学。对于这些，蔡伦无心过问，也无意游览，因为等待他的还不知是种什么生活。

幸好，步入皇宫后他被安排在宫掖做事。宫掖也叫掖庭，指皇宫中的房舍，是嫔妃居住的地方。初进宫里，眼花缭乱，衣、食、住、行和外面大不一样，接触的人，都是过去见都没见过的人，头些天真不知如何是好。

"孩子，离家在外，举目无亲，要多叩头，少说话，听大人的支使。"母亲临别时嘱咐他。他想家，偷偷流泪。但在上司面前，却一副笑脸，毕恭毕敬，随叫随到；在长者面前，老实听话，从不懈怠。几位老宦官见他少年老成，愿意向他介绍宫中的一些规矩，教给他一些侍奉人的本事。

从介绍中，他知道皇帝是全国最大的官，说啥算啥，君叫臣死臣不敢不死，谁也不能得罪皇上。皇帝说的话就是圣旨，谁也不能违背圣旨。

从介绍中，他知道皇帝家中的人很多，皇帝的母亲叫太后，皇帝的妻子叫皇后，也叫妃，皇帝的第二个妻子叫妾，也叫贵人，妻妾成群。皇帝的儿子叫太子，女儿叫公主，妻妾多，儿女也多。

从介绍中，他知道皇宫中的宦官有三类：一类是专门伺候皇帝的；一类是专门伺候皇后、皇太后的；一类是专门伺候太子的。自己是皇帝的听差，属于第

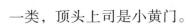

一类，顶头上司是小黄门。

从介绍中，他还知道皇帝颁发的诏书，是把皇帝的旨意书写在缣帛上。缣帛也是一种珍贵的书写材料。春秋战国之间，在简牍盛行的时候，随着丝织物帛、素、缯、缣的出现和增多，有人便在这些丝织物上写字，就成了帛书、素书、缯书、缣书。墨子著作中提到的"书于竹帛，传遗后世子孙"，帛，指的就是缣帛。如果一部书写在一卷缣帛上，这部书就是一卷，书籍称卷，由此而来。

帛书主要用在宫廷书写圣旨，到唐代才废止。

蔡伦在宫中接触简牍和缣帛的机会多，从中对书写材料有个比较，简牍材料易求，但加工费力，书写困难，移动不方便，存放占用很多地方。缣帛呢，轻便，书写容易，移动方便，存放占用地方少，但材料不易得到，很贵重，不适合大量使用。后来，他听到一个故事：

公元前33年至公元前7年，汉成帝刘骜在位，发生一件奇怪的投毒事件。被成帝宠爱的赵飞燕封为皇后，她的妹妹也当了昭仪。这时，受成帝重视的女官曹伟能生个男孩。赵飞燕妹妹得知后，派人送去一个小匣，内装两件东西：赫蹄和毒药。喜得贵子，别人送些礼物以表祝贺，也是一种习俗，但这两种东西却是不祥之物，而是一种死亡的通知。毒药，人们知道

　　赵飞燕，原名宜主，是西汉汉成帝的皇后和汉哀帝时的皇太后。因其舞姿轻盈如燕飞凤舞，故人们称其为"飞燕"。赵飞燕是一位在中国历史上传奇的人物。在《汉书》中对她的描述仅仅只有少数几句，但关于她的野史却有许多。在中国民间和历史上，她以美貌著称，所谓"环肥燕瘦"讲的便是她和杨玉环，而燕瘦也通常用以比喻体态轻盈瘦弱的美女。同时她也因美貌而成为淫惑皇帝的一个代表性人物。

它的作用，赫蹄是什么呢？

赫蹄是一种很薄絮纸，和丝有着天然的联系。古代不种棉花，也没有任现代人挑选的各种人造纤维制品。人们穿的衣服，都是用丝织成的丝制品和用麻制成的麻制品。在制作丝绵的时候，能出现一种副产品，这就是赫蹄。

为了弄清赫蹄的来历，蔡伦请教一个来自江浙的宫女。宫女告诉他，江苏浙江一带种桑养蚕，蚕儿结的茧丝经过加工得到丝绵。蚕茧在加工过程中，必须经过反复捶打，捶打之后有些零散细碎的蚕丝毛毛，降落在席子上，紧密地交织在一起。取下丝绵，晒干了的蚕丝毛毛就形成一张很薄的丝片，揭下来便是絮纸，也叫赫蹄。

蔡伦终于明白了，迫使曹伟能自杀身死的是毒药，包着毒药的是赫蹄。赫蹄上如果写上字，就是赫蹄书。在曹伟能面前的赫蹄，即使没有字，也是一份死亡通知书。

赫蹄比简牍轻便，比缣帛便宜，可惜这种东西太难求了。赵飞燕的妹妹是从哪里得到的呢？

对于这种借机投毒的事，蔡伦从心往外不赞成。害人之心不可有。赫蹄这种东西，本应给人们带来欢乐，带来利益，绝不能是令人胆战心惊的恐怖象征。

石头也是书写材料

决心要成功的人，已经成功了一半。
——日本谚语

有志者事竟成。

在记忆力最佳的童年时期，蔡伦不止一次背诵"越谣歌"："君乘车，我戴笠，他日相逢下车揖。君担簦，我跨马，他日相逢为君下。"当时虽然不理解诗中的含义，但念起来朗朗上口，也就久记不忘。

一转眼十几年过去了，公元75年明帝刘庄病死，章帝刘烜继位，年号建初。不久，蔡伦晋升为小黄门。黄门在汉代是一种官名，有黄门令、中黄门、小黄门，全由宦官充任，因此，黄门也是宦官的代名词。黄门专管皇帝的衣、食、住、行。小黄门是黄门中最底层的小头目。

身为小黄门的蔡伦，和以前一样，尽心尽力忙着个人分内的差事，听候各个顶头上司的差遣。一有工夫，练练身，读读书，也思考一下文字的书写材料。

刘炟（58年—88年），公元75年9月5日—88年4月9日在位，在位期间，行宽厚之政，注重选拔官吏，打击豪强地主兼并土地，使得东汉经济、文化在此时得到很大的发展，与汉明帝共称"明章盛世"。章帝还是一位书法家，他的草书非常有名，被称为"章草"。

　　他突然想到，武帝时曾经派张骞出使西域，先后到过大宛、康居、大夏、安息和身毒。这些国家都用什么作书写材料呢？对了，前几年，天竺国僧人迦叶摩腾和竺法兰来过洛阳，明帝专为他们建筑了白马寺，请他俩翻译经典，这经典都写在什么材料上？他决定

到白马寺去看看。

白马寺在洛阳城东24里的地方，是中国最早的佛教寺院，被尊为中国佛教的"释源"和"祖庭"，有"中国第一古刹"之称。寺院建于公元68年，也就是明帝永平十一年。传说明帝派遣郎中蔡愔、博士弟子秦景等18人，从洛阳出发不远万里去天竺，也就是去印度取经。结果请来两位高僧，用两匹白马驮回佛经42章。为了纪念驮经的白马，寺院被命名为白马寺。

蔡伦果真没白去白马寺一趟。从这里他看到了写在贝叶上的佛经，通称"贝叶经"。贝叶呈黄色，是棕榈树的树叶，也叫贝多罗叶。棕榈树高十来丈，冬天也不落叶，叶片大而韧，是书写文字的好材料。从这里他还看到了写在石头上的文字，知道石头也是一种

河南洛阳白马寺

古老的书写材料。

根据古书《管子》中记载，在春秋初期，齐国的管仲看到泰山72种封禅石刻，只认识12种。封禅是帝王到泰山祭祀天地的一种活动，每去一次留下一些文字记载，可见我国石刻文字出现很早，春秋时候已十分流行。战国初年成书的《墨子》，有"著于竹帛．镂于金石"的记述。"金"指的是青铜器，"石"指的是石鼓一类的石刻。

唐朝初年，在陕西省发现十个形状相同类似高脚馒头一样的石鼓。每个石鼓上都刻着一篇有韵脚的诗，内容记载着秦国国君田猎方面的事情。这是我国现在见到的最早的刻石文字。

秦始皇统一中国以后，到处巡游，到处刻印。这些刻石也都像石鼓一样，形似馒头，四面刻字。

到了蔡伦生活的东汉中期，石刻更加流行，已经有了刻字的石碑。东汉末期，公元175年，汉灵帝熹平四年，蔡邕和一些官员建议朝廷，把一些儒家经典刻在石碑上，作为校正经书文字的标准，以纠正在传抄中的错误。灵帝采纳了大家的建议，先让文人把经典写在石碑上，再叫工匠按字刻好，把石碑一块块立在当时的最高学府——洛阳鸿都门外的太学前面，让大家根据这个标准的石书抄写或者校对。

石碑刚刚竖起来的时候，每天有一千多乘车辆，载着各方人士到这里观看摹写，车水马龙，相当热闹。当时有碑42块，称《熹平石经》。

公元4世纪，人们又发明了用纸在石碑上拓印的方法。

石碑上刻的字，全是凹下去的，称为"阴文"。人们用薄纸浸湿贴在石碑上，再用碎布、帛絮包扎一个

← 拓碑示意图

→
拓片和封泥

类似槌子一样的工具，在石碑上轻轻捶打，并涂上一层墨汁。纸干之后，揭下来就成了黑底白字的书页，这就是拓本。这种方法叫拓碑。

除了拓碑之外，在距今三千多年之前，已经出现了印章，就是今天人们所说的手戳。据《史记》记载，战国时代的说客苏秦，曾佩带六个国家的相印，说明此时有了印章。到汉朝时候，印章普遍流行。

蔡伦在管理宫廷文书和简牍的过程中发现，竹简在寄送的时候，用绳子捆绑，在打结的地方，用一块黏土封好，再用印章打在黏土上，防止有人私自拆看。这种办法叫"封泥"。

印章上的文字，有的是"阴文"，有的是凸起来的"阳文"，都写的是反字，印出来就成了正字。印章通常只有三四个字，只容纳姓名或者官名。到了东晋时代，有些道徒为了散发他们的符咒，就扩大了印章的面积。有颗大印章竟刻了120个字，简直是篇短文。

拓碑和印章，都能复制文字和图画。它们的出现，为印刷术的发明准备了条件。

到东汉为止，书写文字的材料已丰富多彩，有甲骨、青铜、石、竹、木、缣帛、赫蹄、陶器和玉片等。没有这些材料作为书写文字的载体，就没有日后的众多书籍，也不会有后人知道的历史史实。但是，生产力在发展，科学技术在进步，能不能有更可心的新型书写材料？

印 章

 答皇帝的问

> 科学是一种沉重的劳动，需要非凡的渊博和不可动摇的毅力。
>
> ——作者题记

公元88年，当了13年皇帝的刘炟得病死了，由和帝刘肇继位。刘肇年幼，仅10岁，由太后窦氏执政。蔡伦被任命为中常侍。

中常侍可是个不可小瞧的官。秦代和西汉，凡侍奉皇帝的官都叫中常侍。顾名思义，中常侍就是在宫中经常侍

刘肇（79年—105年），东汉第四位皇帝，在位17年，他是章帝四子，母贵人梁氏，死后谥号为孝和皇帝，庙号穆宗（后被董卓废去），葬于慎陵。谥法云"不刚不柔曰和"。

奉皇帝的人，在东汉全由宦官担任，具体职责是掌管传达诏旨、管理文书。这个差事非同一般，可以出入机密政令要地，跟随皇帝巡访，参与国事议论，接触各种人物、各类图书。职位不高，权力可不小。

蔡伦为人诚实，虽然陪伴皇帝左右，总是尊卑有序，遵守祖宗传下来的规矩，从不假传圣谕，胡乱办事。也许太后了解他的为人，愿意交办他一些事。

从主管官府文书中，他有机会接触许多宫中重大事件，也有幸读到一些政事的记录。公元59年，明帝刘庄在太学讲经，有上万人听讲与观看，当场提出许多问题让儒生回答，由于没有合适的书写材料，现场的答问未能完全记录下来，也就没法流传后世。

公元76年，章帝刘炟重视读书，责成贾逵挑选20名高材生，把《春秋》《左传》抄写两套，一套用竹简，一套用缣帛。抄写这些书相当费工费力，用什么材料，怎么抄写才省工省力呢？

公元79年，章帝刘炟下令把儒生聚集一块，在白虎观讨论"五经"。"五经"是儒家的五部经典：《诗》《书》《礼》《易》《春秋》。讨论完了刘炟亲自总结。刘炟所以这样做，是承袭先祖"罢黜百家，独尊儒术"的遗愿，强化作为统治者理论基础的儒家学说。讨论过后，又命令班固等人把这次讨论结果，主要是把他

　　贾逵（30年－101年），东汉经学家、天文学家。字景伯。扶风平陵（今陕西咸阳西北）人。利用朝廷尊信谶纬，上书说《左传》与谶纬相合，可立博士。与治今文经学的李育相辩难。章帝时，屡次向奏称《古文尚书》与《尔雅》相应，提高了古文经学的地位。又精通天文学，首先提出在历法计算中应按黄道来计量日、月的运动，并发现月球的运动为不等速。

　　的总结写成书。因为是在白虎观讲学，所以书名为《白虎通义》。写书，必然涉及书写材料，材料不称心，难于写得圆满周全。

　　件件往事，历历在目。皇帝重视经典文书，几次发问，谁来解答著书立说中遇到的难题，作为主管文书的臣子，能不往心里去吗？就在这个时候，他想到了纸。

纸是什么？按现代人说法，是指用于书写、印刷、绘画或者包装等的片状纤维制品。在东汉的时候，不这么理解和定义。和蔡伦同时代的许慎，公元100年，也就是永元十二年，在所著的我国第一部字典《说文解字》中写道："纸，絮一苫也，从系，氏声。"对于这种解释，甚和蔡伦本意。纸，由絮而来。絮来自缫丝。缫丝的人多是张氏、王氏、李氏、赵氏等已经结婚的女人。所以"纸"这个字，左边绞丝旁，右边一个氏字，指出絮纸原料的来源，也指出操作者的身份，真有点字不离母。

絮纸，蔡伦不仅听说过，也见到过，很薄很轻，但很不容易得到，因为它是蚕丝的衍生物。蚕不是任何地方都能养的，依靠这种动物纤维数量非常有限。蔡伦把目光瞄向大麻。为什么？他听说在沤麻过程中，也能得到一种类似絮纸的麻纸。

大麻，也叫火麻，国外称"汉麻"。早在7000年前，中国还是母系社会的时候，在西安郊外的半坡氏族就已经种植和利用这种作物了。我国第一部诗歌总集《诗经》有许多关于麻的记述："丘中有麻"（《王

风》)、"东门之地，可以沤麻"（《陈风》），说明当时
有种植、有加工、有利用。到了西汉，麻的种植领域
扩大，长江、黄河流域桑麻遍野。从植物学讲，麻是
一年生的草本植物，茎梢和中部呈方形，基部圆形，

　　许慎，东汉汝南召陵（现河南郾城区）人，著有《说
文解字》和《五经异义》等。因他所著的《说文解字》闻
名于世界，所以研究《说文解字》的人，皆称许慎为"许
君"，称《说文》为"许书"，称传其学为"许学"。

大　麻

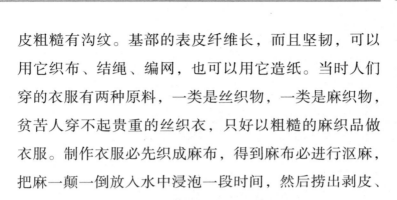

皮粗糙有沟纹。基部的表皮纤维长，而且坚韧，可以用它织布、结绳、编网，也可以用它造纸。当时人们穿的衣服有两种原料，一类是丝织物，一类是麻织物，贫苦人穿不起贵重的丝织衣，只好以粗糙的麻织品做衣服。制作衣服必先织成麻布，得到麻布必进行沤麻，把麻一颠一倒放入水中浸泡一段时间，然后捞出剥皮、加工。在加工的过程能得到一种纤维交织一起粘连成片的副产物，这就是麻纸。

蔡伦从一位地方官那里找到几张麻纸。说它是纸，还是后人的称呼，只是一种片状物，表面粗糙，有点像絮纸，难于在上面写字。尽管这样，对蔡伦来说也是天外福音。他朝思暮想的纸已经悄悄来到身边，下一步是如何解决原料单一、加工技术粗放和制作方法不精细问题。

按照朝廷的规定，像他这样的官吏可以每五天洗一次澡，休息一天。正好，他把这一天作为调查、读书、思考造纸的黄金时刻。有时在宫中，有时在花园，有时在田野。让阳光晒着，让小雨淋着，苦思苦想，甚至夜里整夜不能入睡。用孟子的话说，这是"苦其心志"。

难忘的105年

> 对那些没有受过未知物折磨的人，不知道什么是发现的快乐。
>
> ——贝尔纳

功夫不负有心人。

自从汉武帝刘彻开始，国家把政务中心，也就是处理国家大事的地方，由朝廷转移到宫内。丞相，作为皇帝最得力的助手，本应当管理国家的重要事情，这个时候却有名无实。谁来处理这些大事，由尚方令行使丞相的职权。掌管皇帝私府中文书的机关叫尚书台，尚书台的长官叫尚方令。大概皇帝和皇太后认为蔡伦为人正直，敢于在皇帝面前讲真话，不怕得罪皇上，处理事情以朝廷利益为重，又对诗书偏爱，所以在永元九年，也就是和帝刘肇继位的第九年，公元97年，蔡伦被任命为尚方令，并负责宫中器械、物品的监造。

尚方令官位不高，权力挺大，而且亲自主管宫廷中御用手工作坊，对研究和改革造纸法十分有利。也就是从这个时候起，蔡伦身体力行投入到造纸的实践之中，运用天赐良机，承办自己想办的事。与蔡伦同时代的刘珍、延笃在《东观汉记》这部史书中，有"蔡伦典尚方作纸"的记载，说的就是蔡伦任尚方令的时候，主管造纸这件事。

蔡伦造纸，第一步必须得到皇帝的允许和支持。在这方面，蔡伦利用职务之便多次向皇帝陈述自己的主张。他从三个角度说明宫中必须造出可用之纸。一是简牍虽然使用多年，但太笨重，不容易保存和传递；二是缣帛很轻，但价格太高，不容易在民间推广；三是宫廷中使用简帛一天比一天多，传送困难，藏书所占地方太多。"天子之书，汗牛充栋。"皇宫中的书太多，堆起来满屋皆是高达屋顶，如果运到其他地方，非常费力，累得拉车的老牛直劲冒热汗，喘粗气。他向皇帝建议："陛下，臣知先皇光武帝迁都洛阳，当时简帛足足运了2000车。书写材料，实在应当改换。"

"依臣之见？"

"用树皮、麻头、破布、旧渔网做原料，造纸！"

"有眉目吗？"

"有。臣已酝酿多年，又多次差人去民间访察，已知麻纸的来龙去脉。"

"甚好。"

"谢陛下恩准。"

皇帝不仅批准，还给他时间和官饷。

蔡伦造纸，第二步必须得到工匠的认同和支持。这方面，蔡伦多次去御用手工作坊，了解到工匠全是国中能工巧匠，人勤艺精，加工设备齐全，只要上方有令，便会立刻行动。

蔡伦造纸，第三步必须得到有实践经验的劳动者支持。这方面，蔡伦多次听下人的访察汇报，又仿效武帝时候搜粟都尉赵过选造农具的做法，把能人调集京都，当场献艺。

经过多方面准备，蔡伦拿出设计方案，从原料选择，配制比例，工艺过程，加工设备，一项一项与工匠商议确定，然后进行试验。

精诚所至，金石为开。经过几年试验、失败，再试验、再失败，多次反复，历时六七年的时间，终于在元兴元年，公元105年，依据蔡伦精巧构思，精心安排，精细监制的实用书写纸问世了。这就是世界上第一次以专门的方法，有目的制造出来的、用于书写文字的植物纤维纸。

那些天，蔡伦处在无比兴奋之中。他可以面告对他寄予厚望的达官显贵们，良纸造出来了，"文房四宝"配套成龙，笔墨纸砚有条件联手书写新的文书和经典了；他可以面告"年岁晚暮时斜"的好友李尤和李尤手下的听差，在分配笔、墨的同时，也可以按级别供应纸张了；他可以面告书法名家，绘制、传播书画艺术，新的载体已经诞生了；他可以面告皇帝和太后，蔡伦没有辜负皇恩，在监造出良剑的同时，也造出良纸，文武之道都有得心应手的工具了；他可以面告缫丝女、沤麻男，他们当年加工丝麻的副产物，如今摇身一变成为可用的书写材料了。

汉代造纸工序图

蔡伦把所造之纸，呈献给皇帝、太后。皇帝、太后非常高兴，连声夸奖。不久，朝廷颁发诏令，布告天下，今后宫廷文书，都用纸张。从此之后，不仅朝廷颁诏、文人写书，就是小儿习字，也渐渐用纸，不用沉重的竹简和木牍了。

无论古代和现代，一项新技术，一种新产品，能够制造生产出来，能够很快推广开来，一要依靠技术或产品本身的魅力，所谓"好酒不怕巷子深"；二要依靠一定的行政手段或权威，所谓"上有好者，下必甚焉"。上边有人提倡支持，下边就容易普及传播。

纸，随着生产量的增加，从宫中渐渐传向民间。

纸张造出来了，是不是蔡伦一个人的功劳呢？应当说，任何发明创造都有连续性，都包含众多人的智慧。但个人的发现、发明功不可没。没有鲁班，就没有锯、刨、钻、凿等加工工具；没有李冰，就没有今日的都江堰；没有马钧，就没有输水的翻车。中国古代有许许多多发明，也实实在在地发挥了巨大作用，但由于鄙薄技术，轻视匠艺，有众多的发明者没有留下名字，这应当说是一件无法弥补的遗憾。

尽人皆知，蒸汽机是英国人瓦特发明的，此事已经载入科技发明的史册，但是，恩格斯在评价这件事的时候，说了一句耐人寻味的话："蒸汽机是第一个真

　　詹姆斯·瓦特（1736年—1819年）：是英国著名的发明家，是工业革命时期的重要人物。英国皇家学会会员和法兰西科学院外籍院士。他对当时已出现的蒸汽机原始雏形做了一系列的重大改进，发明了单缸单动式和单缸双动式蒸汽机，提高了蒸汽机的热效率和运行可靠性，对当时社会生产力的发展做出了杰出贡献。他改良了蒸汽机、发明了气压表、汽动锤。后人为了纪念他，将制中功率和辐射通量的计量单位称为瓦特，常用符号"W"表示。

正国际性发明。"

这样结论的根据是：1690年，法国物理学家巴本，第一次试验成功在汽缸内使水沸腾产生冲力，推动活塞上下运动。而汽缸与活塞的应用，是德国人莱布尼茨首先提出来的。1698年，英国人赛维利展出"煤矿之友"蒸汽水泵，获得专利。1712年，英国人纽可门制造出实用的蒸汽机，通过锅炉产生蒸汽导入气缸推动活塞，用于煤矿抽水。1765年，在纽可门的基础上，瓦特解决了冷却装置，使蒸汽机达到广泛应用的程度，到此，作为发明的循环才算完成。

同瓦特一样，蔡伦的发明也是吸收前人的经验和成果，并付出个人的心血和精力，有根本性的改进和完善，才使纸张真正成为便于书写、传播、存阅的书写材料，以原料容易取得。造价很低、使用方便为特点，取代了竹简、缣帛，引起文化载体的彻底革命。从此，纸张逐步成为交流思想、传播文化、记载历史、互通信息，促进物质生产和精神文明建设的有效工具和不可替代的载体。

正是由于蔡伦在造纸上的功绩，而不是因为担当过小黄门、出任过中常侍，晋升为尚方令等宫廷官位，才赢得后人尊敬和缅怀。我国历代造纸工人都把蔡伦奉为祖师，把每年阴历三月十六日作为对他的纪念日。

他的家乡湖南省耒阳市为他修墓立碑，建蔡伦庙以示纪念。中华人民共和国成立后，于1955年耒阳市人民政府又重修蔡伦墓，建立蔡伦纪念馆，让世代后人都知道，蔡伦是中华民族一位历史名人。

陕西洋县蔡伦墓

相关链接
XIANGGUAN LIANJIE

蔡伦利用楮树皮造纸

那么，蔡伦是如何想到用树皮作原料造纸的呢？相传，有一天，蔡伦带着几名小太监出城游玩，来到了离城（汉魏故城，今白马寺东南一带）不远的缑氏县陈河谷，也就是玄奘的故里凤凰谷。只见溪水清澈，两岸树茂草丰、鸟语花香，景色十分宜人。大家正欣赏间，蔡伦忽见溪水中积聚了一簇枯枝，上面挂浮着一层薄薄的白色絮状物，他不由眼睛一亮，蹲下身去，用树枝挑起细看。只见这东西扯扯挂挂，犹如丝绵。

蔡伦想到在尚方里制作丝绵时，茧丝漂洗完后，总有一些残絮遗留在篾席上。篾席晾干后，那上面就附着一层薄薄的丝绵纸，揭下来，写字十分方便。于是蔡伦就在想，溪中这东西和那残絮十分相似，也不知是什么物件，说不定晾干后也可以写字。想到这，他立即命小太监找来河旁农夫询问，河中的白色絮状物是什么东西。

农夫说："这是涨河时冲下来的树皮、烂麻，扭一块儿了，又冲又泡，又沤又晒，就成了这烂絮！"

"这是什么树皮？"蔡伦又问。

　　"那不，岸上的楮树呗！"说着，农夫用手向岸上一指。

　　蔡伦顺着农夫的手指望去，只见满眼绿色，岸上有很多这种楮树，他不由得脸上漾起笑意。几天

楮　树

后，蔡伦率领几名尚方中的技工来到这里，利用丰富的水源和树木，开始了造纸的试验。他们剥树皮、捣碎、泡烂，再加入沤松的麻缕，制成稀浆，用竹篾捞出薄薄一层晾干，揭下，很容易便造出了最初的纸。可是一试用，问题就出现了，这种纸经不住书写，很容易破烂。之后经过反复试验，蔡伦才想到将破布、烂渔网等材料捣碎加入里边，再将制丝时遗留的残絮也掺进浆中，这样制成的纸便不容易扯破了。

后人对造纸术发明者的争论

史书上关于蔡伦造纸的记述十分简略，用了不足20个字就全部交代完了，只说他"造意用树肤、麻头及敝布、渔网以为纸"，如此简单而已。但尽管这个记载非常简短，但却真实确切，充分说明了纸的发明人是蔡伦。长期以来，这件事已成定论。但自从1933年，已故考古学家黄文弼在新疆罗布淖尔古烽燧亭中发现的，年代不晚于公元前49年的一片西汉中叶古纸后，很多学者对造纸术的发明问题产生了不同的看法。

此后，1957年5月8日，在陕西省西安市郊灞桥砖瓦厂工地古墓中又发现了成叠的古纸残片88片。经考古学家考证，认为这一墓葬不会晚于汉武帝元狩五年，即公元前118年，因此灞桥纸的年代也可大致确定在那一年之前。这个时间比蔡伦造纸的年代要早200多年。另外，1973年在甘肃居延肩水金关发现了不晚于公元前52年的两块麻纸，暗黄色，质地较粗糙；1978年在陕西扶风中延村出土了西汉宣帝时期的三张麻纸，不晚于公元前73年至公元前49年；1979年在甘肃敦煌县马圈湾西汉烽燧遗址出土了5件8片西汉麻纸；1986年甘肃天水放马滩出土的西汉文帝时期的纸质地图残片，不晚于公元前179年至公元前141年。这张地图残片长5.5厘米，宽2.6厘米，是目前所知道的世界上最早的纸张实物。上述一切事实表明，西汉初年的造纸技术已基本成熟，这似乎就给持否定造纸术是蔡伦发明的研究者落下了口实。

1965年，相关单位对灞桥纸进行了反复检验，确认主要是由大麻纤维所制造的，质地十分粗糙。汉朝时候，它们都是麻纺业中的主要原料。我国虽然在西汉时期人们就知道用植物纤维造纸，但是，那时候麻也跟丝帛一样，是用来做衣服的，不可能大量用在造纸上。同时，麻制的纸又厚又糙，不是很适宜写字。因此说"烽燧纸""灞桥纸""金关纸""扶风纸"等西汉时期的纸，不能算作真正意义上的纸，只不过是纸的雏形而已。

而且在蔡伦之前的200多年里，纸张并没有在民间广泛流传使用，造纸技术也没有大的提高。那时候，制作精良的书写材料仍旧是缣帛，而一匹缣帛约10米长，它的价格相当于300多公斤大米，这种昂贵不是一般百姓可以企及的。皇室、官宦及富商之家偶有用缣帛记载珍贵文字的，但是作为丝织品的缣帛价格不菲，不可能作为社会上广泛使用的书写材料。

有些学者还认为，灞桥纸是不是西汉的产品，也值得进一步考证。他们提出的理由是"在墓葬人的生活时代未能确切查明以前，很难对古纸的生产年代做出令人信服的科学判断"。何况该墓葬有扰土层，曾受外来干扰，不能排除后代人夹带进来的可能性；同是汉墓的马王堆，保存那样完好，墓主有

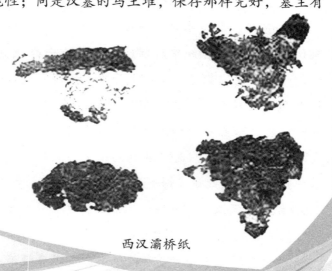

西汉灞桥纸

姓名可查，史料可靠，出土文物如此丰富，但除了千百根简策和丝织古纸帛画，并无一片麻纸。有的研究者还从出土的灞桥纸上辨认出上面留有与正楷体相仿的字迹，酷似新疆出土的东晋写本《三国志·孙权传》上的字体，据此认为灞桥纸可能是晋代的产品。

蔡伦墓的历史之谜

　　蔡伦墓和蔡侯祠位于陕西洋县城东8公里的龙亭镇龙亭村。蔡伦墓和蔡侯祠分为南北两部分。蔡侯墓居北，墓冢高约7米，长30米，宽17米。墓园原占地25亩，现为6亩。园内有建筑设施13处。花木葱郁，古柏参天，碑石林立，青竹吐翠，丹桂飘香，殿宇古朴典雅，塑像彩画栩栩如生；蔡侯祠居南，祠内古柏参天、殿宇栉比、碑石林立、风景秀丽而幽静。祠的中轴线上由南而北依次为山门、拜殿、献殿，正殿大门上高悬有唐代德宗皇帝的御书"蔡侯祠"匾额。殿中有蔡伦塑像。右侧壁上绘有"蔡伦纸"制作工艺流程图，左侧壁上绘有蔡伦于公元114年封为龙亭侯的谢恩图壁画。在蔡伦祠中轴线两侧还有钟楼、鼓楼、厢房、戏楼等古建筑和近代书法名家于佑仁为蔡伦墓祠所题草书真迹。

　　蔡伦墓和蔡侯祠在他的封地——陕西洋县，这似乎是人所共知的事实。然而湖南耒阳市也有一处蔡伦墓和蔡侯祠。蔡伦为何一人有两墓？令人琢磨不定。蔡伦死后葬于何地？洋县蔡伦墓和耒阳蔡伦墓，何为真墓？按常理说，蔡伦死于封地，当就近埋葬。洋县距家乡耒阳，远离数千里，时值东汉，交通不便，自是难以归葬家乡。所以洋县的墓似应为真。

那么，耒阳的蔡伦墓是假的？抑或衣冠冢？这也难说。尽管已有人传为衣冠冢，却都是从"封地遥远，难葬故乡"这一点派生而出，谁也没有真凭实据。或许耒阳墓倒是真的呢，叶落归根，古人老死，希望归葬家乡的心情较为普遍，蔡伦难道不可以归葬耒阳？即使当时不可能，他的后人，哪怕不是直系的，是否又将他的墓葬迁移到家乡呢？如曹植墓、杜甫墓、成吉思汗陵等，后来都移位了。当然，这种说法也只是一种设想。蔡伦一人有二墓，墓距数千里，孰为真？孰为假？已成解不开的历史谜团！

"蔡侯纸"是这样造出来的

出名固然很好，安闲更加欢畅。

——普希金

也许是统治者文治武功的需要，也许是表彰对几代皇帝的耿耿忠心，也许是肯定在造纸上的突出贡献，在元初元年，也就是安帝刘祜继位的第八年，蔡伦被封为龙亭侯。

高官厚禄，封侯拜相是皇帝对臣子的最高奖赏，也是臣子拼尽终生气力的最大追求。

龙亭，在今天陕西省城固县境内。侯，是五等爵位的第二等，仅次于皇帝。这个时候，蔡伦不仅有了权力、地位，也有了财产，有了领地和领地上300户农家。受此厚待，究竟是什么原因。

自从和帝刘肇继位之后，此后8个皇帝的继位年龄都在15岁以下。小皇帝不能主事，全由他的母亲，也就皇太后主政，任用娘家的人。实际上皇帝无权，外戚得道升天。皇帝长大之后，不甘心这种大权旁落

　　刘隆（105年—106年），汉和帝次子，和帝在世的时候，生了许多皇子，皇子大都夭折。和帝以为宦官、外戚在谋害他的儿子，便将剩余的皇子留在民间抚养。殇帝刘隆生于东汉和帝元兴年（105年），为和帝与邓皇后少子。出生100多天，元兴二年（106年）一月汉和帝死后，按照传统，继承皇位应是和帝的长子刘胜。但刘胜有病，多年不愈，于是将刘隆迎回皇宫做皇帝。

的局面，便依靠身边亲近的宦官，把权力从外戚手中夺回来。所以，宦官在皇帝心目中的地位一天比一天高，重要性一天比一天大，人数一天比一天多。在永平中期，也就是明帝刘庄在位的公元68年，宫中的小

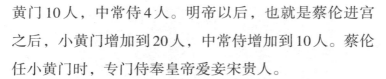
黄门10人，中常侍4人。明帝以后，也就是蔡伦进宫之后，小黄门增加到20人，中常侍增加到10人。蔡伦任小黄门时，专门侍奉皇帝爱妾宋贵人。

公元105年，和帝刘肇死去，由殇帝继位。和帝刘肇的妻子邓氏没有儿子，就把后宫生的一个不满两周岁的婴儿立为太子，106年正月，太子登基，8月便死了。婴儿当皇帝，当然是邓太后执政。殇帝死了，国家不能一日无君，便由清河王刘庆的儿子刘祜继位，这就是安帝。安帝也不大，年仅13岁，又不是邓太后所生，还是由邓太后继续临朝。

邓太后当时30多岁，平时不出宫，掌握国家大事，确定重大问题，不得不依靠宦官，因此，蔡伦也得到重用。幸而有太后的支持，他才成功地制造出刀剑和纸张，就这样，蔡伦自然而然卷进政治斗争的漩涡。

封为龙亭侯不久，邓太后考虑蔡伦是几代老臣，为人忠诚，办事可靠，又任他为长乐太仆。长乐是皇后居住的长乐宫，太仆是宫中掌管皇帝车马的官，长乐太仆是掌管太后车马的官，专管太后出行。

邓太后平时很少出入宫中，蔡伦的公务也就不多，使他有不少时间读书习字，进而总结过去监造刀剑和造纸的往事。

邓太后（81年—121年），讳邓绥，为东汉和帝之皇后、东汉女政治家，南阳新野人（今河南新野），是汉光武帝时太傅邓禹的孙女，禹为南阳豪族，随光武帝起事，为东汉初的大功臣；其父邓训，曾为护羌校尉，抚边有功。

　　剑，是古代十八般兵器之一，既可以用于进攻和防守，也是健身强体，操练习武的器具，还是宫内外官员佩戴的一种装饰物。春秋的时候，已经制造出长剑，到战国的时候非常盛行。孟尝君有个食客冯谖，因为得不到相应的待遇，常常敲着长剑发牢骚：我怎么没鱼吃呀！我怎么没车子坐呀！打算刺杀秦王的荆轲，带的就是一柄短剑。表面上是献图，实际是图中藏着剑以便行刺。"图穷匕首见"，说的就是这件事。

蔡伦监造宫中各种器械，非常认真。造剑的时候，详细了解古代剑的冶炼、合金和外镀技术，仿照越王勾践剑的制法，终于制出外观精美、刃口锋利的上乘宝剑。他的造剑法和他本人一样，都成为后人仿效的榜样。

蔡伦被封为龙亭侯，他造的纸传到民间，乡民百

斯坦因（1862年—1943年）英国人，1887年至英属印度，任拉合尔东方学院校长、加尔各答大学校长等职。在英国和印度政府的支持下，先后进行三次中亚探险。在中国探险时，深入河西走廊，在敦煌附近长城沿线掘得大量汉简，又走访莫高窟，拍摄洞窟壁画，并利用当地人的无知，廉价骗购藏经洞出土敦煌写本二十四箱、绢画和丝织品等五箱。

←蔡伦造纸图

姓听说是蔡伦造的纸，都把这种纸叫"蔡侯纸"。"蔡侯纸"传播很快。1907年，英国人斯坦因从我国敦煌盗走九封书信，据考证，信纸是公元137年左右制造的。可见，蔡伦造的纸问世30年后，已在甘肃一带使用了。

蔡侯纸的制造工艺过程大体是：

首先，把树皮、麻头、破布、旧渔网等原料放入水中浸泡，变软后，用刀、斧切碎，再用清水洗净。

其次，用草木灰水浸透并煮烂，使原料中所含纤维素分离出来，变成浆液。

再次，经过捶打或舂捣，加进黏汁，溶在水中，细纤维与水成为悬浮的浆液。

最后，用漏水的纸模或者细帘捞取纸浆，摊平，经过脱水、干燥后就成为纸张。

　　这种造纸方法虽然原始、设备杵臼、水槽、刀斧等虽然简单，但在科学技术尚不发达的古代，也是难能可贵的，是项了不起的发明。它已经具备了原料处理、制浆、打浆、抄纸、干燥等主要工序，符合科学原理，即使在造纸工业相当发达的今天，在蔡伦故乡湖南耒阳蔡伦造纸厂依旧采用类似的工艺。

　　蔡伦和皇室的能工巧匠用简易的设备，造出可以书写的纸张，确实是化学史和工艺史上的一项重大成就。不解决两个关键问题，纸是无法造出来的。一是用化学方法把纤维原料中的非纤维成分去掉，再使纯纤维素大分子切短分丝；二是用多孔平面筛，使纸浆中的含水纤维与水分离。一个是石灰或草木灰，一个是筛或帘，两者都不可缺。由于化学方法、物理方法、机械方法同时并用，才使有一定强度的书写纸问世，才有日后的传世经典和可以"抵万金"的"家书"。而多孔平面筛就是至关重要的抄纸器，也是现代长网和圆网造纸机的原始雏形。

　　蔡伦把造纸的技法写完，已经是深夜。他站起身来，看看架子上一册册丰满的竹简和一卷卷青瘦的缣帛，又凝视案上"文房四宝"，特别是写上文字的纸，一丝笑意掠过脸上。无疑，今晚他一定能做个好梦。

经史典籍的新载体

有教养人的遗产，比那些无知的人的
财富更有价值。

——德谟克里特

柳暗花明又一村。

公元118年，也就是元初四年，蔡伦虽然进入晚年，但没退休，太后又交给他一个新的也是挺重要的差事，让他负责整理校阅经典，把儒家经典都校正一遍，补漏拾遗，使《诗》《书》《易》《礼》《春秋》，有关的孔孟之书，乃至《史记》等先朝大作，都校正定本，以便人们有所遵循和准确无误地流传后世。

东汉皇朝，从第一代皇帝刘秀开始，代代都继承汉武帝"独尊儒术"的遗愿，大力宣传经过神学化的儒家学说。儒家是崇尚孔子学说的学术派别。儒家学说的主要内容是：提倡忠孝，主张"仁政"，重视伦理道德教育，强调仁、义、礼、知、信。仁者爱人，用现代人的话说，有点"让世界都充满爱"的味道。义者宜也，行为适当，有情意，利于别人。礼，符合周

　　刘秀(前6年—57年)，后汉王朝（俗称东汉）开国皇帝，新莽末年，海内分崩，天下大乱，身为一介布衣却有前朝血统的刘秀与兄在家乡乘势起兵，并在昆阳之战中一举歼灭了新莽王朝的主力。公元25年，刘秀与绿林军公开决裂，在河北登基称帝，建立了后汉王朝。天下定后，刘秀推行"偃武修文"的国策，发展生产、大兴儒学，从而奠定了后汉王朝近两百年的基业。

礼，有一定遵循和标准，懂礼仪、礼节，尊重他人。有知识，讲信用，办事不要言而无信。正是这些思想的熏陶，蔡伦才在宫中平步青云，适合皇帝和太后的口味，适应变化着的权力的需要。所以，儒家学说是封建统治阶级最高的信条，也是最基础的理论基石。因此，孔子也就由人变成神，成为"圣人""万代师表"。事实上，作为伟大的思想家、教育家的孔子，确给中华民族留下极为丰富的文化遗产。

蔡伦是一个宫廷中的高官，又是一个科技上的发明家、革新家，还是一个通晓封建文化的理论学者。他虽然没有留下任何著作，但用本身的实践证明，他忠君报国，主持正义，为人中庸，学而有识。接受了校正定本整理古籍的重任，他便选用能人，从精通儒家学说、儒家经典的学者中选中刘珍，又从在朝廷最高学府当教师讲授"五经"的博士中选中良史，加上具体负责这项业务的官员，一同集中到东观。东观是朝廷藏书的地方，环境幽静，条件适宜，就地校阅十分便当。

为什么调动精兵强将去校正"五经"和有关史书呢？主要有四个原因。

一是朝廷的需要，皇权的需要。儒家学说是封建统治者的理论武器，也是国民教育的基本教材。作为教材应当科学、系统、准确，可是由于朝代更迭，连年战乱等原因，经典流失严重。为此，自刘秀起，刘庄、刘炟都多次下诏收集流传于民间的书籍。到安帝刘祜的时候，皇宫中的石室和兰台两处藏书一天多于一天，一些珍贵的书还集中保存在东观和仁寿阁。早些时候，还由《白虎通义》的定稿人班固，依照《七略》分类整理。而今随着书籍收集的增多，有些新的作品出现，所以又叫蔡伦负责勘校。

二是版本混乱，需要确认和补充修改。秦始皇焚书坑儒以后，规定以史为师，禁止百姓收藏图书。学者们怕自己受害，纷纷逃亡到山林避难。这样，有些儒家经典也没有保存下来，只能靠儒生的记忆和口头传播，而无文字材料。

公元前196年—前188年，汉惠帝刘盈在位的时候，取消了禁止百姓收藏图书的做法，允许民间藏书，儒家学者才开始在民间传播学说。由于秦始皇烧掉了儒家的书，原始版本没有完整地保存下来，长期靠口头流传，造成很多错乱和遗漏。"五经"中的《诗》有三种版本，《书》有两种版本。在齐地流传的《论语》与在鲁地流传的不一样。《春秋》有十几种版本，其他典籍也非常混乱。

公元前141年—前87年，汉武帝刘彻在位的时候，

秦始皇

姓嬴名政始目治皇乙卯即王位庚辰併天下称皇帝在位三十七年居王位二十五年即帝位十二年寿五十

　　秦始皇帝（前259年—前210年），秦庄襄王之子，杰出的政治家、军事统帅。战国末期秦国君主、首位完成中国统一的秦王朝的开国皇帝。嬴姓，赵氏，名政（正），先秦时期男子称氏不称姓，故称赵政、秦王政、秦王赵政、赵王政，然后世多称之嬴政。秦始皇是中国历史上第一个使用"皇帝"称号的君主，对中国和世界的历史均产生了深远而重大的影响，被明代思想家李贽誉为"千古一帝"。

刘盈（前211年—前188年），西汉的第二个皇帝，他生于公元前211年，当时还是秦始皇三十六年。汉惠帝是个年轻的皇帝，他在16岁的时候就继承了皇位，但他也是个短命的皇帝，仅仅在位7年就去世了。这和他的母亲吕后有直接的关系，就像萧何和韩信一样，登基做皇帝是母亲吕后的功劳，但最后英年早逝也和母亲的所作所为有极其重要的关系。

很重视古籍整理，设立了太史公作为专门的机构，收藏全国百姓献上的图书。正因为有了这些图书作为原始资料，太史公司马谈和他的儿子司马迁才写出《史记》。《史记》是一部通史，从五帝写到汉武帝，前后3000的历史。《史记》一共一百三十篇，有五个部分：一、《本纪》：写帝王世系情况及历代帝王大事，共十二篇。二、《表》：包括帝王、诸侯、皇子、功臣的表，共十篇。三、《书》：专写古代政治制度，共八篇。四、《世家》：记录诸侯与王的各种大事。五、《列传》：记载一个个重要历史人物。十分可惜，司马迁只写了一年，就因别的事牵连和牵扯，没有写完，全书没有细修细改，有些字迹潦草，40多岁便去世了。

公元前33年—前7年，汉成帝刘骜在位的时候，宫廷藏书又有流失，因而派陈农到各地收集散落在民

刘彻（前156年—前87年），是汉朝的第7位皇帝，中国古代伟大的政治家、战略家、诗人、民族英雄。汉武帝是汉景帝刘启的第十个儿子，公元前156年生于长安，4岁时被册立为胶东王，7岁时被册立为太子，16岁登基，在位54年（前141年—前87年），建立了西汉王朝最辉煌的功业。公元前87年刘彻崩于五柞宫，享年70岁，葬于茂陵，谥号"孝武"，庙号世宗。

间的图书，又令光禄大夫刘向等人加以校阅整理。

公元前7年—前1年，汉哀帝刘欣在位的时候，又令刘向之子刘歆继续校阅整理，最后终于将收集到的宫中藏书33900卷分成7类，编成《七略》。

三是简牍本身的缺陷。简牍制作、翻阅、运送都不方便，耗费的竹木多，占用的面积大，编连很困难。编绳一旦滑落，重新归拢容易前后次序颠倒，乃至造成脱简、错位，所以需要经常整理勘校。

刘向（约前77—前6）原名更生，字子政，沛县（今属江苏）人。西汉经学家、目录学家、文学家。刘向的散文较有名的有《谏营昌陵疏》和《战国策叙录》，叙事简约，理论畅达、舒缓平易是其主要特色。

四是《汉书》问世，需要利用新载体定稿抄写。由班彪、班固、班昭一家两代人共同写的《汉书》，是我国第一部纪传体的断代史，全书一百篇，八十余万字，一百二十卷。《汉书》比《史记》有发展，班固把《史记》中的《八书》，重新组合并加以充实写成《十志》。《十志》包括《礼乐志》《刑法志》《食货志》《天文志》《律历志》《五行志》《艺文志》《地理志》《沟洫志》《郊祀志》。《十志》中讲经济的《食货志》，讲文化的《艺文志》，讲疆域的《地理志》都有新意，对后世影响很大。这里不能不说也有蔡伦的一份贡献。

在校阅定稿的过程中，几位学者、博士不住地称赞蔡伦："有了纸，书写太方便了。"

"纸的发明，改变了藏书方式。"

"纸可以把经典传到千家万户。"

"蔡侯你的功德无量啊！"

蔡伦连连摇头、摆手："过誉了，过誉了。"

此时，他还无法预测，纸张在以后的日子里如何发展，在未来的岁月中会有多大作用。

相关链接
XIANGGUAN LIANJIE

秦始皇焚书坑儒

　　焚书坑儒发生在中国古代的秦朝。在秦始皇三十四年（公元前213年），博士齐人淳于越反对当时实行的"郡县制"，要求根据古制，分封子弟。丞相李斯加以驳斥，并主张禁止百姓以古非今，以私学诽谤朝政。为了统一原六国人民的思想，秦始皇采纳李斯的建议，下令焚烧《秦记》以外的列国史记，对不属于博士馆的私藏《诗》《书》等也限期交出烧毁；有敢谈论《诗》《书》的处死，以古非今的灭

焚书坑儒

族；禁止私学，想学法令的人要以官吏为师。此即为"焚书"。第二年，两个术士（修炼功法炼丹的人）侯生和卢生暗地里诽谤秦始皇，之后畏罪逃往。秦始皇得知此事，于是派御史调查，下令拷问咸阳400多名书生，希望能找到侯生、卢生。事后，将相关460名书生全部坑杀。此即"坑儒"。

焚书坑儒这种手段是愚蠢而又残暴的，他是秦始皇为了加强思想控制而采取的措施，但它毁灭了古代许多典籍，造成文化史上难以弥补的损失。"焚书坑儒"虽维持了秦朝的统治，但也加速了其政权的灭亡。秦始皇焚书坑儒，意在维护统一的集权政治，进一步排除不同的政治思想和见解，但并未收到预期的效果。这一点和秦始皇采用的其他措施有所不同，是秦始皇、丞相李斯所始料不及的。

汉武帝与"独尊儒术"

"罢黜百家，独尊儒术"是西汉武帝实行的封建思想统治政策，也是儒学在中国文化中居于统治地位的标志。

汉初，在政治上主张无为而治，经济上实行轻徭薄赋。在思想上，主张清静无为和刑名之学的黄老学说受到重视。武帝即位时，历经文景之治，社会经济已得到很大的发展。与此同时，随着地主阶级及其因家力量的强大，从政治上和经济上进一步强化专制主义中央集权制度已成为封建统治者的迫切需要。

公元前140年，丞相卫绾对汉武帝说，现在推荐的官员，都是喜欢法家的思想，但不利于统一思想，他们的言论经常有扰乱舆论的危险。汉武帝于是让各地官员推荐懂得儒家思想的人，他亲自主持考试。董仲舒在回答汉武帝的问题时，回答得非常好。从此，汉武帝就开始重视儒生了，让他们参与到国家的管理中，有的还做了丞相。"罢黜百家，独尊儒术"，是董仲舒提出来的，意思是废除其他思想，只尊重儒家的学说。以后，凡是做官的人都要懂得儒家的学说，用儒家的思想来解释法律。

自此，主张清静无为的黄老思想已不能满足政治需要，也与汉武帝的好大喜功相抵触；而儒家的春秋大一统思想，仁义思想和君臣伦理观念显然与武帝时所面临的形势和任务相适应。于是，在思想领域，儒家终于取代了道家的统治地位。独尊儒术之后，中国古代的封建正统思想就开始确立了，但真正的全面确立是到了隋唐时期。

从此以后，在学术和仕进上，儒家被定为一尊，统治中国达两千年之久。独尊儒术在最初起到了统一思想、统一舆论、稳定国家的作用，但后来却成为封建专制的重要组成部分，禁锢了中国古代思想的发展，特别是个性思想。

董仲舒（前179年—前104年）是西汉一位与时俱进的思想家，儒学家，西汉时期著名的唯心主义哲学家和今文经学大师。汉景帝时任博士，讲授《公羊春秋》。他把儒家的伦理思想概括为"三纲五常"，汉武帝采纳了董仲舒的建议，从此儒学开始成为官方哲学，并延续至今。其教育思想和"大一统""天人感应"理论，为后世封建统治者提供了统治的理论基础。时至今日，仍有学者在研究他的思想体系及故里等方面的文化，他的著作汇集于《春秋繁露》一书。

万变不离其宗

> 一滴水只有注入历史长河才会永不干涸。
>
> ——中国格言

　　秦汉时期，是中国封建社会的成长时期。秦王朝传两代，15年；西汉传10代，208年；东汉传8代，14个皇帝，195年。就在东汉末年，山东出现一位造纸的能手，这个人就是左伯。左伯对蔡伦的造纸术做了一些改进，使纸的质量又有明显提高。这种纸均洁细密，色泽鲜明，妍妙辉光，被称为"左伯纸"，是书法家争相选用书画材料。

　　纸张的出现，改变了信息的传递方式，也拓宽了文化交流的途径。但是，由于古代交通尚不发达，道路崎岖，马、驴、牛为主要陆路运输工具，所以，在很长一段时间，尽管朝廷倡导用纸，而地方还是纸张与简牍、缣帛并存共用。直到公元404年，也就是蔡侯纸出现300年后，南朝桓玄下令废了竹简，植物纤维纸才成为举国上下统一使用的书写材料，成为各类书画的主要载体。

纸张的发展、改进、使用的轨迹大体是这样的：3世纪到6世纪魏晋南北朝时期。这个时期，造纸原料除了树皮、麻头、破布、旧渔网之外，又扩展到桑、藤、麦秆等原料。造纸设备出现了活动的帘床纸模，使用的时候，把活动的竹帘放置在框架上，这样可以反复捞取湿纸，以提高工效。造纸技术也有改进，加强碱液蒸煮和舂捣，提高了纸张质量，增加了纸张品种，出现了色纸、涂布纸、填料纸等加工纸。

公元317—322年，晋元帝司马睿在位的时候，有个叫葛洪的人，由于炼丹的需要，把纸浸泡在黄檗的颜料之中，制成一种黄色麻纸。这种纸不但好看，也能防止虫蛀。

就在这个时期，还出现了《三国志》的手抄本。1924年，在我国新疆鄯善县发掘出一份晋代人写的《三国志》残卷，有80行，1000多字。1965年，在新疆吐鲁番一座佛塔的遗址中，又发现一本晋代人写的《三国志》残卷，有45行，500多字。内容是《孙权传》的部分章节。这两部残卷全是隶书，行款工整，专家认定，这是三国时期蜀国人陈寿写成《三国志》之后，由别人抄写而流传下来的，也是现代人能亲眼看到的最早用纸写成的书。纸，成了"人类进步阶梯"

的基石。

就在这个时期，发生了一件历史上让人痛心的毁纸烧书事件。南朝梁元帝肖绎，比较喜欢纸，也愿收集书。当时曾用诗咏过纸好："殷白犹霜雪，方正若布棋"，也曾写过《孝德传》《忠臣传》《江州记》等400多卷书，而且还亲自到各地收集图书，最后汇集到14万卷。作为一位只活了47岁的皇帝有这样举动应当说

葛洪（284年—364年或343年）为东晋道教学者、著名炼丹家、医药学家。字稚川，自号抱朴子，晋丹阳郡句容（今江苏句容县）人。三国方士葛玄之侄孙，世称小仙翁。他曾受封为关内侯，后隐居罗浮山炼丹。著有《神仙传》《抱朴子》《肘后备急方》《西京杂记》等。

值得赞许。然而，不幸的是，"成也萧何，败也萧何"，在公元555年1月10日的夜晚，西魏大军包围了梁朝首都江陵城，在国破家亡的危急时刻，头脑发昏的梁元帝想到文德殿的藏书，他错误地认为，造成兵临城下和即将玉碎宫倾的局面，原因是"读书万卷书，犹有今日"，所以，他命令舍人高善宝将宫中收藏的7万卷书，连同从外地收集到已经运回江陵的7万卷，一共14万卷书全部焚毁。这就是历史上有名的"江陵焚书"，比之秦始皇焚书有过之而无不及。因为这些书籍都是传世之作，数量多，质量好，全是精华，从此失去9万卷不可恢复的珍贵遗产。梁元帝焚书后，又把所佩带的宝剑在柱上砍折，自叹："文武之道，今夜尽矣！"在他眼中，14万卷图书同一把宝剑一样，都是皇帝个人的私产，都是一个朝代的殉葬品。

6世纪到10世纪隋唐五代时期。这个时期由于雕版印刷的发明，印书业的兴起，有力地促进了造纸业的发展。纸的品种增加，不仅有麻纸、楮皮纸、桑皮纸、藤纸，还有檀皮纸、竹纸。纸的用途不断扩大，不仅用于官府文书、写书画画，也用来记账，制作纸鸢、灯笼，等等。

值得一提的是，唐朝已经有了宣纸。宣纸产于宣州府泾县，就是现在安徽省泾县西，又名玉版纸，用檀树皮与稻草秆作为原料。这种纸的特点是：纯白、细密、柔软、均匀，质地坚韧，吸水力强，颜色长久不变，是"文房四宝"中纸的佼佼者。用檀树皮造纸，据说起源于东汉，实际上东汉末年仅有"左伯纸"。至今，在宣纸的产地泾县还流传着一个民间传说：蔡伦的徒弟孔丹家住泾县，以造纸为生，一直想造出一种质量高的白纸，替师傅画个像修修谱，表示对师傅的一点心意，但始终没有造出来。后来，他在山里砍柴，

→最早出现的纸币——交子

发现有些檀树倒在小河旁边，由于年深日久风吹雨洗枝干非常白。孔丹想，利用这种树的树皮，能不能造出白纸，于是就开始试验，经过多次试验，最后把质量高级的宣纸造出来了。

传说毕竟是传说，但它却反映着人们对蔡伦

的美好怀念和诚挚的崇敬。事实上，宣纸在唐朝已列为"贡品"，说明这种纸确实产在唐朝。

10世纪到18世纪宋元明清时期。这个时期，纸的用途更加扩大，皮纸、竹纸盛行，造纸著作相继问世，机械造纸业兴起。

各种纸张除了书写、绘画、印刷、包装、日用之外，用于室内装饰用的壁纸、纸花、剪纸，鲜艳美观，有些纸制品还行销国外。英国公主莎罗蒂曾以70个基尼的贵重价格，在伦敦市场购买了一束中国纸花，可见这种制品的新奇。公元1023年，也就是宋仁宗天圣元年，我国在世界上最先发行纸币，名为"交子"，并在益州设立交子务。第二年2月，开始用铜版印刷，图案精美，3色套印。为此，还专门设立有1200工匠的造纸工场。

随着造纸的实践，总结这些实践的书籍也相继出版。诸如，宋代苏易简的《纸谱》、元代费著的《纸笺谱》、明代王宗沐的《楮书》，特别是明代崇祯年间出版的宋应星的《天工开物》，对竹纸的制造记述得十分详细。制造竹纸大体经过4个步骤：

一、芒种前后登山砍竹，截成五到七尺长，在池塘中浸泡100天，捶洗后，脱去青壳和粗皮。

二、用石灰化汁涂浆，放入木皇桶中蒸煮八天八

1.沤竹

《天工开物》竹纸制作过程1

2.蒸煮

《天工开物》竹纸制作过程2

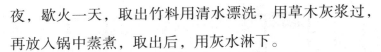

夜，歇火一天，取出竹料用清水漂洗，用草木灰浆过，再放入锅中蒸煮，取出后，用灰水淋下。

三、反复蒸、淋十几天，自然腐烂，取出来后，放入臼中，舂捣成泥面状，倒入槽内，制成纸浆，再用竹丝专门制成的竹帘抄纸。

四、把抄出的湿纸，用生火的夹墙烘干。

当时用石灰和天然碱蒸煮纸浆，实际就是现在所说的化学处理法。

就在这个时期，公元1891年，清光绪十七年，我国机械造纸业开始萌芽，在上海建成了第一个机器造纸厂——伦章造纸局。距离蔡伦造纸术发明整整过了1786年。这段路似乎走得太长了，但万变不离其宗。这宗，从宏观说，就是汉代缫丝、沤麻的普通劳动者；从微观说，就是人品、智慧双重过人的蔡伦。

公元1949年10月1日，日历翻开了新的一页，伟大的中华人民共和国诞生了，从此，结束了历时620年的奴隶社会、2000多年的封建社会和100多年的半封建、半殖民地的社会，进入了人民真正当家做主，手挥彩笔书写自己历史的新时代。

建国40多年，同其他事业一样，造纸业有了突飞猛进划时代的发展。一是造纸业成为国家工业化的重要产业。造纸工业为建筑、商业、化工、电气、机械、

3.抄纸

《天工开物》竹纸制作过程3

4.烤纸

《天工开物》竹纸制作过程4

农业以及国防提供了各种技术用纸和纸版，改变了建国前纸张依靠进口的状况，并建立了自己制浆造纸机械制造业。二是纸的用途超越单纯用于文化传播领域，进入"一专多能"的新时期。纸及纸制品超过万种。纸已经覆盖各个产业，进入各个领域，出现在物质文明和精神文明各个角落。各种温床育苗纸、护苗纸、青贝宁纸，对于农业增产，抵御自然灾害，发挥了重要作用。衬垫纸、防锈纸、精密仪器包装纸、钢纸，是机械工业必不可少的材料，被人们亲切地称为"软钢板"；特种电容纸，为火箭卫星上天提供了可能；各类专门用纸，保证了航船、坦克、汽车、飞机等海陆空运输工具的启动运行；复写纸、复印纸、打字纸、相纸为公文传递、著书立说创造了极为便利的条件。三是新技术、新设备广泛应用于造纸工业。造纸设备正向大型、高速、高效方向发展，"无水制浆"、"无水造纸"技术普遍使用，电子计算机控制已经是生产的常规手段。什么是"无水造纸"，就是以空气为分离纸原料的介质，先使纤维在控制的空间飘起，然后让它按要求降落，交错排列在一起，经过粘合、干燥、卷取等工序即成为强韧的纸张。比过去传统方法，不仅节水、节电、节气，而且质量优良。四是纸的种类繁多，新原料相继投入使用。自20世纪50年代开始，印书纸、新闻纸、道林纸、铜版纸、有光纸、包装纸、纸版和特殊用纸都有巨大发展。20世纪80年代以后，氮盐晒图纸、静电记录纸、TQ—16打印纸、涂塑壁纸、压纹书皮纸、适用于人造革的离型纸已经大量应用。造纸原料已不用树皮、麻头、破布、旧渔网，而是木材、芦苇、甘蔗乃至生活垃圾。除动植物纤维之外，无机纤维、合成纤维都已用于造纸。蔡伦如果活到今天，一定从内心发出赞美：青出于蓝而胜于蓝，后生可畏！正是古纸纷纷出土，人们终于见到汉代的纸张。1957年，在西安市东郊的灞桥，考古学家从一座汉代古墓中发掘出88片纸，垫在包有麻布的铜镜之下，大小不等，大的10厘米×10厘米，小的3厘米×4厘米，表面粗糙，无字，据鉴定，是汉代纸。1974年，在甘肃省武威县柏树乡旱滩坡村，从一座汉墓中发现墓中牛车模型上，糊有纸棚。1993年，在甘肃省金关，也发掘出两团古纸，人称"金关纸"。据专家对这些纸的鉴定和化验，认定是由大麻和少量苎麻的纤维制成的。

　　从这些古墓中发掘出来的纸中，人们确认蔡伦造纸的真实性，不仅见于史书，也有存留于世的实物。同时，也证明蔡伦之前，民间确有麻纸，蔡伦纸也是青出于蓝胜于蓝，开一代实用书写纸的先河。

青出于蓝而胜于蓝

> 无限的"过去"都以"现在"为归宿，
> 无限的"未来"都以"现在"为渊源。
> ——李大钊

九层之台，起于垒土。

纸张的发明，为印刷品的问世提供了条件。拓石与印章又为雕版印刷开辟了道路。

什么是雕版印刷呢？雕版通常用梨木或者枣木，锯成一块块木板，把要印的字写在薄纸上，反贴在木板上，再根据每个字的笔画，用刀一笔一笔雕刻，刻出凸起的阳文反字，再把墨涂在文字或图画的线条上，然后铺上纸，用一把干净的棕刷在纸背上轻轻刷一下，把纸拿下来，便成了白地黑字的印刷品了。如果是书的话，一页书就印完了。一页一页地全部印完，装订成册，一本书就完成了。由于这种印刷方法，是在木板上雕刻字之后再印，所以叫"雕版印刷"。

雕版印刷必须有墨，墨是怎么出现的？据考证，被誉为"文房四宝"的笔、墨、纸、砚，纸是最晚出

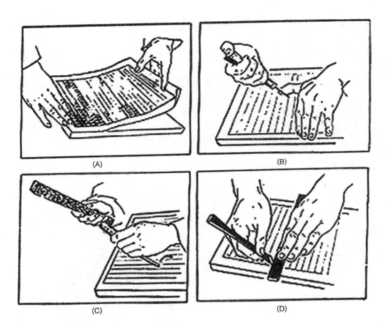

雕版制版图

现的。

　　毛笔大约出现在西周，也就是公元前800年前，到战国时已经普遍使用。汉代，毛笔盛行，朝廷专门下令让各郡献兔毫，民间曾流传兔子昼夜啼哭的传说，原因是官府制笔太多，兔子整天提心吊胆，担心迟早被杀。

　　墨出现得更早，汉代李尤认为是在黄帝时代，即公元前26世纪中叶，距今4500多年。根据是"黄帝遂画蚩尤形象"。

　　在很长时间人们都认为李尤的说法有一定道理，

　　可是到了现代，考古学家从西安半坡村的遗址中，发现在许多陶器上面，已经有红、黑、白、灰四种颜色的花纹，把墨的历史又向前推进两三千年。不过，那时的墨与东汉时墨还是有所不同的。

　　严格说，只有到了东汉，墨才有了一定形状，制成墨锭，可以直接拿着研磨。官府中专门设有主管笔、墨的官，按月把笔、墨发给官吏使用。发放中还有具

←黄帝大战蚩尤图

→隃糜墨

体规定，达到一定官位，即尚书令、仆、丞、部，每月给两枚墨，一大一小。墨，也叫隃糜。隃糜原是地名，位于现今陕西省千阳县境内。因为这里松林茂密，人们用松烧烟制墨，质量上乘。后来，隃糜就成了墨的代称。

有了"文房四宝"，有了雕版，也就有了雕版印刷。关于雕版印刷是在什么时候发明的，历史学家说法不一致，但多数人认为是唐代。

根据明朝史学家邵经邦《弘简录》一书的记载，

我国最早的刻本书，是唐太宗的皇后长孙氏编写的《女则》一书。这本书收集了许多封建社会中妇女典型人物的故事，宣扬了封建伦理道德，所以，在公元636年，贞观十年用雕版印刷出版。当时，著名的玄奘法师也大量印造普贤菩萨像，散施四方。由于这个时候社会安定，农业生产发展，人民的文化生活不断提高，写诗读书之风日盛。加上中国的汉字自从魏、晋时代改用楷书之后，到了唐朝已经稳定下来。这种楷书字体易写易认，利于雕版印刷。

到了9世纪，我国用雕版印刷印的书已经很多。

白居易（772年~846年），字乐天，晚年又号香山居士，河南新郑（今郑州新郑）人，我国唐代伟大的现实主义诗人，中国文学史上负有盛名且影响深远的诗人和文学家，他的诗歌题材广泛，形式多样，语言平易通俗，有"诗魔"和"诗王"之称。官至翰林学士、左赞善大夫。有《白氏长庆集》传世，代表诗作有《长恨歌》《卖炭翁》《琵琶行》等。白居易故居纪念馆坐落于洛阳市郊。白园（白居易墓）坐落在洛阳城南琵琶峰。

著名诗人白居易把自己写的诗编成一部诗集——《白氏长庆集》。他的朋友元稹，在公元825年1月2日，即长庆四年十二月十日，为诗集写篇序文，文中有"缮写模勒"几字。说明当时人们很喜欢白居易的诗，抄写下来，或者刻印出来，到街上贩卖。"模勒"最初是刻石之意，后来为雕版印刷的意思。

雕版印刷发明之后，开始刻印书籍和佛像。一方面促进造纸业的发展，一方面推动了印刷业的兴旺。长安和成都成为唐朝刻书业的中心。长安东市大刁家印历书，李家印医书。成都樊赏家印历书，龙池坊卞家印佛经《陀罗尼经》。唐朝末年有个叫柳玭的人，在成都的书铺里可以看到许多出卖的雕版印刷书，有阴阳、占梦、看家宅一类的迷信书、字书等。

唐朝刻印的原本，很多都已散失，有幸保存下来的不多，其中最有名的一部是公元868年，咸通九年王玠刊本《金刚经》一卷。关于这部书，还有个小故事。

在甘肃省敦煌东南有座山叫鸣沙山，晋朝的时候，有些佛教徒在这里开了山洞，雕刻佛像，建造寺庙。由于洞中雕刻的佛像非常多，人称为"千佛洞"。1900年，有个姓王的道士在修理洞窟的时候，无意中发现一个暗室，里面堆着纸卷，有许多唐代抄写的书，还有一卷唐代刻印的《金刚经》。

《金刚经》长约1丈6尺，高1尺，是几张纸粘连成的长卷。卷首有幅画，是佛像版画，画面是释迦牟尼对弟子在祇树给孤独园说法的神话故事，神态生动，刻镂精美，艺术水平很高。后面是《金刚经》的全文。卷末有一行文字，说明刻印时间是"咸通九年四月十五日"。可惜的是，这部珍贵的历史文物连同很多古写本，在1907年被帝国主义分子斯坦因偷到英国去了。

唐朝以后的五代十国，虽然是我国历史上四分五裂的动荡时代，但刻书造纸业却有很大发展。起于后唐长兴三年，终于后周广顺三年，即从公元932年至953年，历时22年，印刷了9种经书，可谓工程浩大，终于使儒家经典雕版印刷成功。

到了宋朝，印刷更加发展，雕版印刷进入黄金时代。北宋初年，成都印《大藏经》，刻版13万块；国子监印经史书籍，刻版10多万块。宋朝所刻印的书，数量多达700多种，字体优美，纸墨精良，印刷清晰，因而宋本书成为一种名贵的具有阅读价值和美学价值的工艺美术品，为历代收藏家所珍爱。

南宋的时候，刻书的中心，除了京城临安(今杭州)之外，还有四川的成都、眉山和福建的建宁等城市。连边远的海南岛也有刻印医书的地方。

雕版印刷最初是单一种颜色，后来随着工商业的发展，出现了用于商品交换的纸币，当时称为"交子"。为了防止伪造，四川民间流通的交子盖满了红黑两色的印记。不久，于1024年，朝廷又制造出三色交子，用红、蓝、黑三种颜色，在交子上盖6颗带花纹装饰的印记，有的印记还刻着故事性的图画。

14世纪中叶，我国又发明了用红黑两色套印书籍。早在南北朝的时候，有人在抄写书籍中曾使用过红黑两种颜色，用红色抄写《神农本草经》原文，用黑色抄写陶弘景所写的注文《本草集注》，将两本书合成一本，区别原文和注释，红黑两色分明，阅读起来十分方便。

用红黑两色套印书籍，比抄写要复杂。办法是刻两块大小一样的木版，一块刻上要印红色的字，一块刻上要印黑色的字，每一块版都不是全文。印刷的时候，先就一块版印上一种颜色，再把这张纸覆在另一块版上，使版框互相精确地吻合，再印上另一种颜色，一张两色的套色印刷就完成了。1340年刻印的两色《金刚经》，比欧洲第一本色印的《梅因兹圣诗篇》要早170年。

相关链接
XIANGGUAN LIANJIE

话说印章

　　说起印章，最早起源于我国的殷商时代，印章上的文字，有阴文，也有阳文，印文均刻成反体。印章上的文字的字体，有古文、篆文、隶书、楷书。但有一点，印章作为印信是用来盖印的，属压印、复制术范畴。正是这种压印复制术的出现和应用，跨上了印刷源流史上的又一个台阶，逼近到印刷术的大门，所以在印刷史上将印章称之为印刷术发明的萌芽。

凸起的阳文印章

凹入的阴文印章

到先秦时期，印章一般还只是刻有几个字，表示姓名、官职或机构。在纸没有出现之前，公文或书信都写在简牍上，写好之后，用绳扎好，在结扎处放黏性泥封结，将印章盖在泥上，这就是蔡伦担任中常侍时见过的"泥封"。其实泥封就是在泥上印刷，这是当时保密的一种手段。纸张出现之后，泥封便演变为纸封，在几张公文纸的接缝处或公文纸袋的封口处盖印。据记载，在公元550年至577年的北齐年间，已经有人把用于公文纸盖印的印章做得很大，很像一块小小的雕刻版了。

雕版印刷与毛笔的渊源

据考证，毛笔的雏形最初出现在公元前1600年至公元前1066年之间的商代中前期，到公元前800年左右的西周时期已基本成型，再到战国时已经普遍使用。最初的毛笔是用来涂描甲骨文的笔画的，而真正用毛笔写字，可能开始于简牍和锦帛上文字的书写。根据出土的文物和有关的历史记载，在新石器时代，彩陶上的一些花纹用肉眼就能看出用毛笔画花纹的笔锋，这就说明新石器时代，就出现了毛笔。在商代的一些甲骨文上，有的残留着已写的但没刻的文字，这些文字笔画圆润，也就是说，这些文字是用毛笔写出来的。而在商代的甲骨文中，就存在形象一手握笔的样子的字，这就是后来的"聿"字，即"笔"字的前身。

就雕版印刷工艺本身而言，印刷与毛笔和墨有着密切的关系。因为在雕刻印刷版之前，首先要用毛笔对文字进行写样和插图的描样，这是雕版印刷术的一道重要工序。而墨则是传递印版上的图像、文字等信息的一种主要用品。如果再将几只毛笔排列在一起，就成为了刷子，这是雕版印刷过程中刷墨的不可缺少的重要工具。因此说，毛笔和墨的产生，为印刷术的发明提供了必要的条件。

一副活字誉天下

> 科学上的许多重大突破，都是一点点
> 细微的成绩积累起来的。
>
> ——童第周

柳暗花明又一村。

雕版印刷，对于印刷书籍和木刻水印图画无疑是

→毕昇

一项伟大的发明。一种书，只要雕刻一次木版，就可以连续印刷许多部，比起手抄省时省力，是个巨大的进步。但也有两个缺点，一是印一页书，就得刻一块版，

印一部字数多的大书，就得刻几十块、上百块，乃至千万块版。公元971年，宋太祖开宝四年，张徒信在成都雕印全部《大藏经》，费工12年，计1076部，5048卷，雕版达13万块之多。人力、物力、时间都不经济。二是雕好的版需要很大的存放空间，万一错刻错印，会前功尽弃，废掉重来，或者影响印书的质量。

怎么解决这个难题，长期从事雕版印刷的工匠毕昇，想出一个好办法，这就是称誉海内外的活字印刷术。

活字印刷的基本方法，就是首先制成一个个的单字，然后把所需要的单字排成版面印刷；印完之后，把单字拆开，以便下次再用。这种方法，节约了雕版费用，缩短了出书时间，减轻了雕版劳动，解决了错字修改和存放雕版占用空间过大等问题，是印刷史上一次伟大的技术革命。这项发明的时间，是1041年—1048年，也就是北宋庆历年间，比欧洲最先用活字印刷印《圣经》的德国人谷腾堡早400年。

关于毕昇发明活字印刷的史实，史书上少有记载，只是与毕昇同时代的北宋著名科学家沈括，在其所著的《梦溪笔谈》中，提到："庆历中有布衣毕昇，又为活版。"活版就是活字印刷术。

活字印刷的具体过程，在《梦溪笔谈》中这样记

→毕昇泥活字版模型

述的：先用胶泥刻成一个个薄薄的单字，一个字一个印，用火烧硬，就成了活字。印书的时候，准备一块铁板，铁板上面放上松香、蜡、纸灰，用铁框围住四周。按照书稿的文字，将活字检出排在铁板之上，满一框为一版，排完后用火烘烤，使松香、蜡熔化。再用另一块平板从上面压平，使板上的字平整。铁板冷却后，活字固定在板上，就可以上墨印刷了。

为了提高印刷速度，毕昇又想出两个办法：一个是将常用的字，如"之""也"等多准备一些，每个字按声韵排列整齐，装在木格里，每韵外面用纸标明，便于检字排版。二是在印刷的时候，准备两块版，一块印刷，一块排字，两版交替使用。利用这种方法，若印三本五本，看不出它的效率，沈括说："若印数十百千本，则极为神速。"

活字印刷只需要一副活字，就可以排印各种书籍，不仅解决了雕版印刷的不足，还提高了印刷的速度和质量，成为我国古代继蔡伦造纸法之后的又一伟大发明，为文化的迅速地大面积传播提供了可能。尽管当

沈括，（1031年—1095年），北宋科学家、改革家。晚年以平生见闻，在镇江梦溪园撰写了笔记体巨著《梦溪笔谈》。一位非常博学多才、成就显著的科学家，我国历史上最卓越的科学家之一。精通天文、数学、物理学、化学、地质学，气象学、地理学、农学和医学；他还是卓越的工程师、出色的外交家。

版印書籍唐人尚未盛爲之自馮瀛王始印
五經已後典籍皆爲版本慶曆中有布衣
畢昇又爲活版其法用膠泥刻字薄如錢
脣每字爲一印火燒令堅先設一鐵版其
上以松脂臘和紙灰之類冒之欲印則以
一鐵範置鐵版上乃密布字印滿鐵範爲
一板持就火煬之藥稍鎔則以一平板按
其面則字平如砥若止印三二本未爲簡
易若印數十百千本則極爲神速常作二
鐵板一板印刷一板已自布字此印若繼
火令藥鎔
果則第二板已具更互用之瞬息可就每
一字皆有數印如之也等字每字有二十
餘印以備一板內有重複者不用則以紙
貼之每韻爲一貼木格貯之有奇字素無
備者旋刻之以草火燒瞬息可成不以木
爲之者木理有疎密沾水則高下不平兼
與藥相粘不可取不若燔土用訖再火令
藥鎔以手拂之其印自落殊不沾汙昇死
其印爲余群從所得至今保藏
准南人衞朴精於曆術一行之流也春秋日

《梦溪笔谈》中关于活字版的记载（元刻本）

时用泥制作活字，远不如现代印刷方法，但活字印刷术的三个主要工艺：刻造活字、排版、印刷已经具备，基本原理已经成熟，毕昇是东方的活字印刷术的第一开拓者。但由历代封建统治者鄙薄技术，无视劳动者的发明创造，活字印刷术当时没有得到推广和使用，但作为一项新技术却没有停滞不前，在生产中继续发展。没过多久，相继出现用各种材料制成的活字，包括用非金属材料制成的"泥活字板""磁板""木活字板"和金属材料制成的"锡活字板""铜活字板""铅活字板"等。

对于活字印刷中的泥活字，有些人持怀疑态度，

认为泥制的活字，一碰就碎，不能用来印书。

　　事实上，不仅毕昇首先造出活字，元代、清代又有人制出活字。1719年，清代康熙五十八年，山东泰安有个叫杨志定的人，发明一种磁版，在泥字上加一层磁釉，烧成活字非常坚硬。他用这种磁活字印出了《周易说略》和《蒿庵闲话》两部磁书。

　　清代道光年间，安徽泾县有个叫翟金生的教书先生，根据《梦溪笔谈》中关于活字的记载，用30年的时间，同儿子一起制造了十多万个泥活字，每个字硬得如同石头和骨角，不胀不缩，用其排版印出自己的诗集《泥板试印初编》、翟氏家谱等。这些磁版、泥版印成的书，有些至今还保存在北京图书馆，足以证明

翟金生用泥活字印刷的《泥版试印初编》

《梦溪笔谈》中关于泥活字印刷的真实性和关于毕昇的活字印刷术是世界性发明家的可靠性。

相对于雕版印刷，活字印刷是"柳暗花明又一村"。若干年后，木活字，金属活字的出现，相对泥活字，又是一次"柳暗花明"。

木活字是用梨木、枣木或者杨柳木雕成的，因取材方便，成本不高，制造简单，所以是我国活字印刷史上一种常用的活字。1295年，元成宗元贞元年，安徽旌德县县尹王桢，在任县官6年当中，留心农事，劝助农桑，积累了丰富的农业知识，在整理前人文献资料基础上，结合当地实践，写出一本《农书》。这部著作字数很多，为了能印刷出版，他便自己设计，花了两年的时间，请工匠刻印3万多个木制的活字。在1298年，他用这些活字印刷了自己写的6万多字的《旌德县志》，不到一个月印了100部。这是我国最早使用活字印刷的方志，可惜后来失传了。

王桢创制木活字和用木活字印刷的办法是：先从官府定韵的书中，挑选可以使用的字数，分韵写成字样。常用字"之""乎""者""也"，以及数目等，各分一类。将字写好贴在木板上雕刻。字和字之间留有空隙，刻好之后，用细锯把字一个个锯开，用小刀整形，个个成方形，大小一样。排印的时候，把字一行

行排好，用薄竹片隔开。排满后，用小竹片和木楔垫平、塞紧，使活字固定，不左右晃动。如有高低不平，也应用竹片垫平。全部平稳后涂均黑墨，铺上纸，用棕刷刷印。

王祯为了减轻排字者的劳动，提高排字效率，又发明了转轮排字盘。他用木料做两个直径大约7尺的大轮盘，一个叫韵轮，一个叫杂字轮，轮盘里有一个又一个小格。不常用的木活字，按韵分类，摆在韵轮

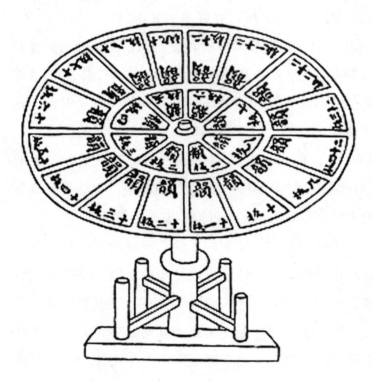

王祯发明的转轮排字盘

的格子里。常用的字，摆在杂字轮的格子里。排版的时候，一人念原稿，一个坐在两个轮子中间，转动两个轮子拣字。机械虽然简单，却有"以字就人"的效果。

木活字印书试验成功之后，王祯写了一篇《造活字印书法》，把操作法系统地记录下来，附在《农书》后面。这篇文章成为活字印刷史上难得的文献，已被翻译成几国文字传到国外。

到了明朝，木活字印刷不仅印书，还印家谱，特别是从1638年，也就是崇祯十一年开始，用活字排印政府的报纸——《邸报》。《邸报》起于西汉初年，当时用竹简，写了皇帝的旨意、命令及官吏任免事项，由信使传递。因各郡在京城都设邸，所以叫《邸报》。这在我国新闻史上也是一件有意义的大事。

到了清朝，木活字印书十分普遍。1773年，也就是乾隆三十八年，清政府刻成枣木活字253500个，先后印成《武英殿聚珍版丛书》130种、230多卷。这是我国历史上规模最大一次木活字印书。丛书称作聚珍版，实际就是活字版。因当时人们称活字印书坊为"聚珍堂"。

清朝的木活字印本，内容丰富，种类繁多，有经书、字书、正史、传记、年谱、家谱、奏议、目录、方志、游记、兵书、医书、农书、类书、工具书等。其中以历代诗文集较多，约200种。丛书约20余种。现在流传的清朝木活字印本，约有200种，对文化知识传播起了重要作用。

宋代以后，在使用泥活字和木活字印刷的过程中，又出现了金属活字。据王祯"近世又铸锡作字"推判，元朝初年已有锡活字。到明朝弘治初年，江苏等地有富豪巨商造铜活字印书，现有二十几种明清时铜活字印本，成为珍本在北京图书馆收藏。铅活字始于何时？据清道光十四年，即1834年湖南人魏崧所著的《壹是纪始》中说："活板始于宋，……今又用铜、铅为活字。"这说明在鸦片战争之前，我国已有铅活字印刷，但没有广泛使用，并不像有人分析的那样，认为铅活字是于19世纪中叶，由西方传教士传到中国的。在明朝弘治末正德初年(1505年—1508年)，陆深所著《金台纪闻》中，提道：近来常州人用铜、铅做活字，比雕版印刷更巧妙方便。

史永远忘不了他

> 我早已经抛掉灵魂不灭的信念了，我经历过这生，这就够了。
>
> ——马克·吐温

　　蔡伦因造纸而名扬天下，因侍奉皇上、太后得力而加官封侯，正当他在东观忙于整理校正"五经"的时候，一件意料之中的事发生了。41岁的邓太后因病去世，安帝刘祜亲自主持朝政。

　　一朝天子一朝臣，这朝不用那朝人。亲自侍奉刘祜的中常侍樊丰和内侍李闰等人，因刘祜当政立刻成了座上客。这批人交了好运，另批人肯定倒霉，第一个倒霉的就是蔡伦。蔡伦入宫之后，勤问好学，谨慎从事，官越做越大，难免惹人嫉妒。所以，邓太后一死，便有人告发蔡伦，说他头些年受窦太后指使，审问过安帝刘祜的祖母宋贵人和宋贵人的妹妹，最后这两个人服毒药自杀了。

　　事实是怎么回事呢？窦后是章帝刘炟的妻子，没有生小孩，而章帝之妾宋贵人却有个小孩，出于权力和地

位的需要，窦后指使一个姓姜的中常侍诬陷宋贵人有谋反之心，并假情假意地让服侍宋贵人的小黄门蔡伦审问。蔡伦知宋贵人正派，了解事情缘由。原来是宋贵人有病，请太医诊断开药，其中缺一味药，就是菟丝子。宋贵人写信给父亲，让父亲帮助找到这味药。信被姜常侍拿到，并给窦后，以此为由，说宋贵人蓄意不满皇帝，有坏心。蔡伦为解此案，先后找开药方的太医、送信的奴婢等人，这些人相继身死，使蔡伦无法找到否定证据，就这样，宋贵人及其妹妹饮毒自杀。

章帝刘炟死后，和帝刘肇继位。刘肇当时10岁，大权落到太后窦氏手中。窦太后重用娘家人，皇帝成为傀儡。后来，皇帝长大，不满外戚的专权，便依靠身边的宦官，把权力从太后手中夺回。东汉以后的政权，就是这样你争我夺，蔡伦不可避免地卷进这个漩涡。

邓太后与窦太后有所不同，她不像窦太后那样尽用娘家人当大官，还多次向人宣布，如果有邓家人犯了法，一律严加惩处。她还听人荐举，把原来在乡下教书种菜的能人杨震，提拔当地方官，最后调到京城当司徒。因为杨震为官清廉，秉公办事，大臣们都敬重他，邓太后也信任他。这个时候，安帝刘祜已经26岁了，本应当让他亲自主持国家大事。可是，刘祜只顾吃喝玩乐，不想正经事，邓太后对他不放心，所以国家大事还是太后和杨震等人商量决定。刘祜手下的人直劲嘀咕，刘祜也对太后不满，但不敢出声。也就在这个时候，邓太后看中河间王刘翼，并封为平原王。安帝刘祜的奶妈王圣，见到刘翼被封为平原王，起了疑心，怕刘翼替换刘祜，便伙同姜常侍、内侍李闰几个人在安帝面前说邓太后的坏话，对邓太后信用的人也没有好感。因此，邓太后一死，蔡伦就成了重点打击对象，根本不管有什么才学，有什么建树，有什么造纸术，统统是罪过。

邓太后尸骨未寒，安帝刘祜亲自下达诏令，命令蔡伦主动到主管刑狱的长官——廷尉那里受审，接受国家法律的惩处。蔡伦万万没有想到，40年前充当小黄门时的旧事重提，而且是非颠倒，明是窦太后与宋贵人的权位之争，却嫁祸于己，真是鬼和鬼打架，吃亏的是人。按照《汉律》规定，宗室贵族及六百石皇粮以上的官吏犯罪，不得擅自判决，必须报请皇帝，酌情恩免。蔡伦官位已经可以享受恩免的待遇，但皇上不下诏，看来恩免无望，只有死路一条了。

蔡伦终于接到圣旨，他照例三呼万岁，感谢皇恩，但内心十分酸楚。到底去不去受审？去，说不清，讲不明，欲加之罪，何患无辞。当事人全已故去，何人判断是非，最终难免一死；不去，违抗圣旨，抗旨不遵，也是杀头。他横下一条心：不去！

老泪纵横的蔡伦，在居住的房间寻找合体的衣帽，侍奉他的小宦官也泪湿衣襟，扶着他去沐浴更衣，期待他明日能去廷尉处申诉或者见驾请罪，得到安帝宽恕。

"歇着去吧。"蔡伦摆摆手，小宦官走出屋子。

书案上蜡烛微光如豆，看来快要熄灭了。

他走到案旁，轻轻地翻动没有书写的几张白纸。这纸太脆弱了，经不起火，经不住水，但它没有折皱，也没有书写任何不该书写的文字。

他把准备好了的药，倒进口中，使劲地下咽，然后，衣冠整齐地倒在床上。恍惚间，他回到故乡，耒阳城北的蔡家小院，院外的小树，门前的石臼，一队抬着竹简的衙役……

第二天早晨，小宦官第一个发现，长乐太仆、龙亭侯，不，老宦官蔡伦自杀了。他笔挺地躺着，面容安详，嘴角有一丝血迹，身边有一叠白纸。

公元 121 年古历三月十六日，京都洛阳，纵横交错的 24 条街道上，依旧人来人往车水马龙，店铺照常营业，官员照常临朝，太学生照常读书，唯有一个人不能照常饮食起居，这个人就是蔡伦。

早就听到私下议论：伴君如伴虎。蔡伦没有理会，也不理解；早就见到书中写着：仕为知己者死，他也没有体会。邓太后死后，他马上省悟，这些话都不是废话，可惜，他觉悟得太迟了。

建光元年，他的生命画上句号。

作为科学名人他死得过于简单，过于草率，没有留下名言警句，也没有巨制鸿篇，但他却留下永不消逝的遗物——纸张。

蔡伦死后，应了"人走茶凉"那句话，皇帝封赐给他的官位、领地统统消失。因为他是宦官，也没有妻儿子女和抱养的后人，唯一留下的是纸，和在纸上由后人写的《蔡伦传》。

→陕西洋县蔡侯祠

相关链接
XIANGGUAN LIANJIE

青史留名的蔡伦

公元147年，汉桓帝刘志即位，倡导民间大力造纸，同时，他回顾总结蔡伦造纸术对社会的贡献，决定洗刷蔡伦的罪名，下旨在蔡伦墓旁建祠，并命史官为其立传，写入《东观汉记》，后收入范晔《后汉书》宦者列传第六十八。全传300余字，写尽蔡伦一生。明代诗人徐乾健途经龙亭拜谒蔡伦墓之后，所写的《龙亭侯墓诗》，感慨之情溢于言表：

策马龙亭日欲熏，江头遥见蔡侯坟。

汉封遗迹空怜在，青史香标世共闻。

漫拂鱼笺铭旧德，不烦竹简谢夫君。

频过多少千秋意，感慨依依望断云。

书籍能退休吗

记忆的宝库里不能没有"昨天"。
——作者题记

随着社会生产力的发展，科学技术的进步，一些原来发挥重要作用的发明创造，将会为新的更为先进的研究成果所代替。然而，造纸法和印刷术，虽然一个诞生在东汉，一个诞生在北宋，但它们却"徐娘半老，风韵犹存"。

蔡伦的造纸法，没有因为他愤愤离去而停止传播，随着交通条件的改善，国与国之间交往的增多，造纸法作为一项科学技术成果而风传国外，成为使整个世界受益的一种新鲜技术。

蔡伦造纸法，首先传到朝鲜和日本。

公元285年，也就是西晋太康六年，朝鲜半岛的百济国，有个学者叫王仁博士，带了《论语》等书到日本去，这些书都是书写在纸上的手抄本。

公元610年，也就是隋炀帝大业六年，有个名叫昙征的朝鲜和尚，把从中国学去的造纸方法和造墨方法带回朝鲜，不久，又传给日本。

公元751年，也就是唐玄宗天宝十年，唐朝和阿拉伯的大食国发生了一场战争。战后，有些中国士兵留在那里，其中一些人会造纸，便把造纸技术传给当地人，并在中亚的撒马尔罕等地建立了手工造纸作坊。不久，又从这里传给欧洲。

公元900年，埃及建立了非洲第一个造纸手工作坊。公元1150年，阿拉伯人在欧洲的西班牙建立造纸工业手工作坊。不久，法国、意大利也能用蔡伦的造纸法造纸，结束了传统的用羊皮书写文字的历史。

公元1690年，中国的造纸法传到美洲。

近水楼台先得月。我国的雕版印刷术，最早传至邻国日本。8世纪后期，日本的木版《陀罗尼经》完成。12世纪初，雕版印刷术传到埃及。13世纪传到波斯，并由波斯传至欧洲。14世纪末，欧洲出现木版雕刻的纸牌、圣像和学生用的课本。

我国的木活字印刷术，最先传入邻国朝鲜。1376年，朝鲜第一次用活字印刷了《通鉴纲目》。

不久，又传入日本、越南、菲律宾等亚洲国家。大约15世纪传入欧洲，1456年，德国人谷腾堡第一个用活字印刷了《谷腾堡圣经》，比毕昇的发明晚400

年。这项技术16世纪传入非洲，18世纪美洲才出现第一个印刷所，19世纪传入澳洲。至此，"布衣"毕昇把自己的发明奉献给全世界。马克思在1863年1月给恩格斯的信里，把印刷术的发明，称为"是资产阶级发展的必要前提"。正是由于广泛使用活字印刷，才改变了原来只有僧侣才能受高等教育的状况，为欧洲的科学从神学中解救出来，以及文艺复兴运动的出现提供

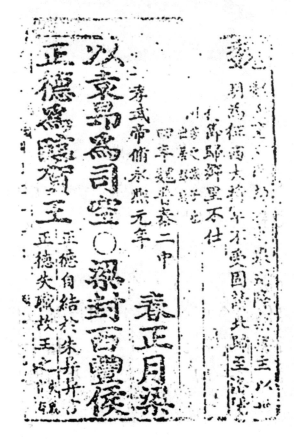

→朝鲜最早的铅活字本，1436年印的《通鉴纲目》

约翰内斯·古腾堡（1400年—1468年），德国发明家，是西方活字印刷术的发明人，他的发明导致了一次媒界革命，迅速地推动了西方科学和社会的发展。

了一个重要的物质条件。足见，活字印刷术的作用何等巨大。

在法国中部安贝尔市郊，至今还有一座蔡伦式的造纸手工作坊，依旧采用树皮等原料，利用石臼捶捣等方法，制浆造纸，因其工艺设备古老而远近闻名，成为一个旅游景点。为纪念造纸法的发明者，感谢活字印刷术的发明者，这里特建一座"蔡伦馆"，馆中陈列着中国早期的汉字木刻版，用古纸印刷的中国书籍，还有各个历史时期丰富多彩的纸张样品。馆中有幅大型壁画，展示造纸法的发展历程，从中可见中国造纸法传向西方的各条路线。

　　"蔡伦馆"的存在，表明法国人对造纸业鼻祖的景仰及对中国人民的友好感情。它像是一件活化石，再一次展现纸张婴幼时期的生命历程。

　　称誉全球的中国古代四大发明，即造纸法、印刷术、指南针、火药，是我国人民首先创造出来的科学技术成果。它不仅对我国科学文化的发展起到重要的推动作用，也是中华民族对世界文明的伟大贡献。正如17世纪英国哲学家弗兰西斯·培根所说："它改变了世界上事物的全部面貌和状态，又从而产生了无数

古腾堡印刷厂

的变化；看来没有一个帝国，没有一个宗教，没有一个显赫人物，对人类事业曾经比这些机械的发现施展过更大的威力和影响。"这段话，蔡伦和毕昇是无法听到了，但却是对他们的"盖棺定论"。说这段话的时间，虽然已经过了几百年，而它的正确程度仍不减当年。尽管信息高速公路已经通行，有人撰文《无纸社会向我们走来》，但书籍却不能退休，造纸和印刷依旧占有一席之地，蔡伦和毕昇作为中国古代发明家、革新家的身份不会改变。

诚然，随着半导体技术的进步，计算机和通信网络的普及，纸的文化载体的功能有所减弱，但纸富有弹性、质轻、光滑、结实，便于保存、邮寄和复制，就目前来说，仍是文化载体中的得力工具。同时，也应当看到，由于电子计算机在印刷业的应用，书刊出版速度加快，数量骤然猛增，也带来两个问题，一是存储空间太大，二是检索比较困难。因此，无纸出版物相继问世。有一种袖珍激光盘，很适合存放容量巨大而又需要经常检索的工具书，如百科全书、辞海、报刊精选合订本等。因为它将放进计算机里阅读，检索相当迅速，并能配合以彩色插图、声音说明，甚至彩色动画，使人易于耳闻目睹，听得清楚，看得明白。比如介绍一种鸟时，可以配上这种鸟的动画，使人看到这种鸟的生活习性、动作特点，听到它的叫声，这都是传统出版物无法做到的。由此，有人断言：将来教科书可用软件代替。假若真的这样，那么学生要不要写字，字往什么地方写呢？要不要读书，书是怎么印呢？这些无疑是对传统书写、印刷材料和技术的挑战，蔡伦和毕昇是无法解决的，只有依靠他们聪明的后代，用自己智慧的头脑，勤劳的双手，做出满意的回答。除此之外，还有更好的办法吗？

相关链接
XIANGGUAN LIANJIE

造纸术的流传

公元751年，唐朝大将高仙芝率军与大食（阿拉伯帝国）会战。激战中，由于唐军中的西域军队发生叛乱，唐军战败。大战后，唐军中的造纸工匠被阿拉伯军队俘虏。这些工匠被带到中亚重镇撒马尔罕，建立了阿拉伯帝国第一个生产麻纸的造纸场。这次战役中，被俘的杜环是唐代著名史学家杜佑的侄子，他后来辗转回国。他曾提及中国工匠传授阿拉伯人造纸术的史实。

从此，撒马尔罕成为阿拉伯人的造纸中心。公元794年，在中国工匠的指导下，阿拉伯帝国在都城巴格达建立了新的造纸工场。此后，阿拉伯帝国的一切政府文书、档案均书写在纸制品上。公元10世纪，造纸术随着阿拉伯大军迅速传到叙利亚的大马士革、开罗、埃及、摩洛哥、西班牙和意大利等地。在意大利的博物馆中，至今还保留着西西里国王罗杰一世于公元1109年书写的一幅诏书，诏书用的纸就是阿拉伯人生产的。